Les prisons de la honte

Michel Niaussat

Les prisons de la honte

Préface de François-Régis Hutin

DESCLÉE DE BROUWER

© Desclée de Brouwer, 1998
76*bis*, rue des Saints-Pères, 75007 Paris
ISBN 2-220-04162-X

Ne vous occupez pas des prisonniers si vous ne consentez pas à être leurs sujets et leurs élèves. Ceux que nous appelons les misérables, ce sont eux qui doivent nous évangéliser et convertir. Après Dieu, c'est à eux que je dois le plus.
Saint Vincent de Paul

La justice est le respect, spontanément éprouvé et réciproquement garanti, de la dignité humaine, en quelque personne et dans quelque circonstance qu'elle se trouve compromise et à quelque risque que nous expose sa défense.
Pierre Joseph Proudhon

Il y aura à la fin, dans la sauvagerie du primitif, je dirais plutôt dans l'être le plus capable de crimes, il y aura un « point vierge » que Dieu seul connaît, et qui nous jugera tous.
Louis Massignon

PRÉFACE

Froid dans le dos

C'est une bouffée d'air frais que nous envoie le père Niaussat à travers les lignes que l'on va lire. Une bouffée d'air frais pour nettoyer les miasmes des prisons. Car, figurez-vous, le père Niaussat sort de prison. Il y a passé vingt ans! Et oui, on a beau être moine, ce sont des choses qui arrivent. Ça lui est même arrivé à lui parce que, précisément, il était prêtre.

Prêtre, il l'est toujours et on dirait même qu'il l'est peut-être encore mieux aujourd'hui. Parce qu'il a appris des choses en prison, des choses pas belles du tout sur la manière affreuse dont cela se passe.

D'abord au Mans, quand il est entré dans l'ancien couvent de la Visitation, transformé en 1797 en lieu de détention, une prison qui n'a pratiquement pas changé depuis. C'était déjà les mêmes portes qui fermaient les cachots. La cour était aussi boueuse en hiver et poussiéreuse en été et cela empestait comme avant!

Michel Niaussat nous emmène pour un petit tour en prison, une visite qui fait « froid dans le dos », c'est son expression. Car il en a vu et entendu de toutes les couleurs. Et il a eu peur plus d'une fois. Peur de la méchanceté, de l'aberration d'un système carcéral, indigne des Droits de l'homme, ces Droits de l'homme dont on va fêter la déclaration universelle cette année : « *Tout homme est présumé innocent jusqu'à ce qu'il ait été déclaré coupable. S'il est jugé indispensable de l'arrêter, toute rigueur qui ne serait pas nécessaire pour s'assurer de sa personne doit être sévèrement réprimée par la loi.* »

Dans ce livre, Michel Niaussat ne parle que des préventifs (détenus en prévention). Vous savez, ceux qui sont « présumés innocents » et que l'on enferme comme ça, pendant que l'on regarde ailleurs, pendant qu'ailleurs on regarde s'ils ne seraient pas coupables. Alors, que se passe-t-il s'ils ne sont pas coupables ? Ils seront relâchés et ils auront perdu quelque temps de leur vie : des jours, des semaines et souvent des mois, parfois des années. Cela, ils ne le retrouveront jamais !

Mais ils auront perdu aussi, en prime si l'on ose dire, leur réputation, leur honneur, leurs amis souvent et parfois leur famille. En effet, celles-ci, ceux-là ne veulent pas être déshonorés avec lui. « *S'il est coupable, il n'avait qu'à faire attention à ne pas se faire prendre, s'il est innocent, à ne pas se fourrer dans une situation qui fait croire qu'il a commis une faute grave.* »

Oui, ça lui fait « froid dans le dos » au père Niaussat, parce qu'il a vu de ses yeux comment cela se passe avec la police d'abord, avec les gardiens, et, pour finir, avec les autres prisonniers. Il a vu cette dégringolade, comme une cascade de malheurs que vous descendez sans pouvoir vous accrocher à rien. Tout casse, tout lâche. Vous tombez tout seul dans une cellule, entre une tinette dég... et des châlits empilés, occupés par des types qui vous regardent de travers et vous jaugent à leur tour :

« Et toi! *Tu te mettras là, par terre sur le matelas* » (que l'on a rajouté parce qu'il n'y a pas assez de lits). Et vous vous retrouvez honteux, brisé, humilié, perdu, avec mal à l'âme, mal jusqu'aux os sans rien comprendre à ce qui vous arrive. Vous étiez, hier, en famille, vous voyiez le soleil, vous respiriez l'air pur et vous ne le saviez pas tellement c'était naturel. Maintenant que vous vous heurtez aux murs, aux compagnons de cellule, vous vous apercevez que, hier, c'était le bonheur parce que, tout à coup, vous vous retrouvez plongé dans l'horreur : aux yeux du monde entier, de tous ceux qui vous connaissent, vous êtes devenu une horreur!

Oui, il l'avoue, le père Niaussat, il avoue qu'il a peur, parce que ça peut lui arriver à lui, à vous, à n'importe qui, n'importe quand. Pas même parce que vous avez l'air d'avoir fait une saloperie, mais parce qu'un accident vous est arrivé. Oui, un accident de la route ou autre, par exemple, une fausse accusation ou un règlement de compte... N'importe quoi peut vous mener là! Inutile de dire : « *Non pas cela, pas à moi, je suis au-dessus de cela!* » Malheureux! Vous vous croyez libre ? Vous vous croyez propre... Vous vous croyez protégé... Malgré votre bonne conscience, vous n'êtes rien du tout.

Libre ? Votre liberté n'est que conditionnelle et provisoire. « *La justice* », comme on dit, peut vous attraper comme ça, au beau milieu de votre quiétude pour vous regarder de près, vous analyser, vous faire dire ce que vous avez de plus intime et voir ce que vous avez de louche tout au fond de vous-même.

Ah! Vous voyez bien que vous n'êtes pas tout à fait propre! Et vous vous croyez propre. Allons, allons, on a tous un petit coin de linge sale, voyons, montrez-nous cela!

Vous vous croyez protégé? Naïf! La déclaration des Droits de l'Homme, elle est inscrite sur le mur de la cour de l'hôtel Matignon, là où travaille le Premier ministre qui peut, qui devrait la lire chaque fois qu'il entre ou chaque fois qu'il sort de cette maison... Elle est sans doute écrite là pour faire rêver, comme on rêve au paradis. Elle est faite sans doute pour être commémorée tous les cent ans! Allez, on en reparlera à l'occasion du deuxième centenaire.

Vous croyez être protégé? Non, quelqu'un peut décider de votre sort en quelques minutes. D'ailleurs, les imprimés sont faits d'avance, il n'y a plus qu'à mettre votre nom et à signer. Tout protégé que vous êtes, vous vous retrouvez en prison et en préventive, c'est pire que d'être condamné, car vous ne savez pas pour combien de temps vous devrez y demeurer. Il y en a qui sont restés là plus de deux ans, qui ont été jugés et *acquittés* ensuite. Deux ans pour rien!

Pour rien? « *Je ne vous crois pas*, dira le "bon" peuple, *c'est que vous avez trouvé un sacré avocat, un fortiche! Parce que, n'est-ce pas, on est raisonnable en France, on est rationnel, on est organisé, on est plutôt juste. Alors vous n'allez pas me la faire, Monsieur, là, vous qui me demandez du travail à moi, patron, bien pieux, bien juste, bien sous tous les rapports. Vous n'allez pas me dire quand même que je peux vous embaucher et vous mettre au milieu de mon bon personnel après deux ans ou deux mois de taule, comme si vous étiez innocent! Allez, vous reviendrez, mais ce sera pareil parce que votre curriculum vitae, il a un trou. Qu'est-ce que vous avez fait pendant ces années-là ou ces mois-là, hein? Mais au fait, c'est vrai, je me souviens, j'avais lu ça dans le journal. Vous aviez été arrêté dans l'affaire machin. Oui, cela me revient, c'était donc vous. Allez ouste, passez votre chemin!* »

Et voilà comment, pauvre naïf, vous vous croyez protégé. Voilà ce qui peut arriver à tout moment. Mais cela, ce malheur-là que notre société fait subir tous les jours à des gens de plus en plus nombreux, cela non, de grâce, ne le dites pas, ne le faites pas savoir, car il vaut mieux le taire, parce que c'est comme ça. Et qu'apparemment en France, le pays des Droits de l'Homme, on ne peut pas fonctionner autrement. Que voulez-vous, nous ne sommes pas des Anglais avec *l'habeas corpus*, nous autres, ou des Américains, nous sommes des latins rationnels, assoiffés d'égalité, des Français, quoi!

« *Et nous sommes des Français qui veulent être protégés* » dit le "bon" peuple, plein de bonne conscience. « *Alors il faut ce qu'il faut pour cela. Et les prisons, c'est fait pour que l'on se sente protégé, et que l'on soit bien tranquille, les pieds dans les pantoufles en prenant l'apéro devant la télé à regarder les procès que l'on fait à tous ces s... à qui on ne devrait même pas consacrer tellement de temps. Moi, je vous leur en foutrais, tiens, et vite et long, comme ça, on serait tranquille, pas vrai? Allez, encore un petit coup?* »

La prison. Il y a des gardiens, des matons, comme on les appelle. Ils sont aussi malheureux que les détenus, parce que souvent, eux aussi, ils ont honte, parce que, nous les « Français moyens en tout », on veut être protégé mais quand même, pas faire ce métier-là. Vous m'avez compris, c'est le mépris pour les surveillants! Et le mépris qui retombe sur leur famille :

« *Qu'est-ce qu'il fait ton papa?*
– *Il est gardien.*
– *Ah oui? Il garde quoi?*
– *Il garde la prison.*
– *Oh là là, c'est horrible, ce n'est pas drôle, c'est pas beau. Ben dis-donc, qu'est-ce qu'il a fait pour être gardien de prison ton père?* »

Pourtant, Michel Niaussat, il les connaît bien les gardiens de prison. Il les aime bien et il les respecte. Il le dit : « *les surveillants de prisons sont mes amis, comme les prisonniers sont mes amis* », et il proteste parce qu'on leur fait faire leur métier dans des conditions éprouvantes, sans moyens, sans considération. Alors le père Niaussat dénonce l'hypocrisie des « Français moyens en tout », dont vous êtes, dont je suis, qui veulent des prisons, qu'on y mette plein de prisonniers, avec plein de surveillants pour qu'ils ne bougent pas et puis que les gardiens, on ne les voit pas non plus. « *Allez au diable avec vos bandits. Ainsi, nous, on a la paix.* »

Oui, tout cela lui fait « froid dans le dos », parce qu'il a découvert un système qui marchait quasiment en aveugle. Personne n'est responsable. Pardon, tout le monde est responsable, à commencer par le « Français moyen en tout » mais aussi les élus, maires, députés, conseillers municipaux, généraux et régionaux, les membres de l'administration, de toutes les administrations de notre pays, les gouvernants et oui, même les ministres sont responsables aux yeux du père Niaussat. Alors il leur a écrit plus d'une fois au cours de ses vingt ans de prison. Et savez-vous ce qui arriva? Il n'arriva *rien.*

N'exagérons pas. Le père Niaussat a quelquefois été reçu par les ministres. Il leur a expliqué tout cela. Ils ont accepté de l'écouter. C'est déjà quelque chose. Mais Michel Niaussat s'en fiche comme de sa première calotte, car il s'est aperçu qu'on l'écoute, lui, parce qu'il est quasiment un notable, parce que savez-vous pourquoi il est en prison, le père Niaussat? Il est en prison parce qu'il est aumônier. Mais lui, il ne veut pas être écouté pour lui-même. Il veut que, à travers lui, on écoute les prisonniers, puisque ceux-ci ne peuvent pas parler. Il veut que, du moins, on entende la longue plainte des prisonniers préventifs. Mais il s'aperçoit que l'écoute s'arrête à sa personne et ne va pas au-delà.

Alors, ça lui fait « froid dans le dos », au père Niaussat, parce que si c'est comme ça, ça ne s'arrêtera jamais, ça ne s'humanisera jamais. Tenez, je connais un grand journal qui, voilà trente-trois ans, a envoyé un de ses reporters faire le tour des prisons. Il en a écrit cinq pages du journal. Il a reçu le prix « François-Jean Armorin », pour cette enquête en 1964. Si vous lisez cela, écrit voilà trente-trois ans [1], vous croyez lire ce que dit Michel Niaussat aujourd'hui. Rien n'a changé.

Oh, n'exagérons rien, ça a quand même changé un peu. On a remplacé les portes des cellules de la prison du Mans. On a goudronné la cour. En France, on a construit des prisons neuves. Malheureusement, comme il y a tellement plus de prisonniers, parce qu'on en ajoute tous les jours et que la prévention fonctionne à plein régime (près de la moitié des détenus en France sont en prévention), il n'y a plus de place en prison et le surpeuplement, la promiscuité sont les mêmes qu'avant, pires dans certains cas. Où est l'humanisation promise par les gouvernements? Par les ministres qui disent tous que c'est une priorité...

À vrai dire, on n'attend rien du tout de ce côté-là, on s'en fiche pas mal des prisonniers, de leurs gardiens et de l'état sanitaire et moral des prisons. Alors le père Niaussat, qui est un

---

1. Voir *Ouest-France* du 18 juin 1964

« Français pas moyen du tout », qui aime son pays et voudrait ne pas en avoir honte, alors le père Niaussat proteste. Comme citoyen. Il proteste comme homme, il prend la défense de ses maîtres en humanité. Quoi? Quels maîtres? Ceux qu'il a écoutés pendant ses vingt ans d'aumônerie de prison, les prisonniers et aussi leurs gardiens.

Ça lui fait une sacrée expérience au père Niaussat, et même une expérience sacrée, parce que dans le dernier des « culs de basse fosse » où il est allé traîner ses souliers, chez le pire des prisonniers qu'il a pu rencontrer et qui lui a en effet fait « froid dans le dos », il a trouvé l'étincelle qui éclaire le monde quand on veut bien regarder. Il a trouvé cette lumière que Dieu met en chaque homme, car Dieu habite chaque homme, et Michel Niaussat, qui est un prêtre de ce Dieu-là, sait que cette étincelle-là, c'est une parcelle d'un grand feu qui s'appelle l'Amour.

Alors, après vingt ans, le père Niaussat a rendu ses clefs à l'administration pénitentiaire. Mais il n'est pas parti. Il a simplement changé de cellule en retrouvant celle de son monastère et, là, il vit encore la prison, les prisonniers. Il est toujours au milieu d'eux ou plutôt ce sont eux qui sont au milieu de lui et ils n'y sont pas tout seuls car au centre de la vie du père Niaussat, il y a un grand feu qui finira bien par changer la face de la Terre : le feu de l'Esprit qui l'anime...

Alors le père Niaussat, il n'a plus « froid dans le dos » à cause des prisons et de leurs prisonniers. Non, il a « froid dans le dos » à cause de notre indifférence.

Et puis, le père Niaussat qui nous fait « froid dans le dos » en nous racontant tout cela, eh bien il nous fait en même temps chaud au cœur.

François-Régis HUTIN

AVERTISSEMENT DE L'AUTEUR

Il n'est question dans ce livre que des personnes incarcérées préventivement, c'est-à-dire avant tout verdict, condamnation ou non-lieu suivant les cas.
Par le fait même, je ne parle que des maisons d'arrêt (M.A.), celles-ci étant le lieu où sont gardées les personnes mises en examen et écrouées avant jugement. Les condamnés à plus d'un an de prison ferme sont en principe (?) transférés dans des établissements appelés centres de détention (C.D.), centres pénitentiaires (C.P.) ou maisons centrales (M.C.) suivant la durée et la rigueur de la condamnation. Il n'est question dans cet ouvrage ni des personnes condamnées, ni de ces établissements. Tout amalgame avec les maisons d'arrêt serait grandement nuisible à la compréhension de mon propos.
Ayant été aumônier de la maison d'arrêt du Mans durant vingt ans et quelques mois, je ne décris donc qu'elle, sachant très bien que sa grande vétusté et son problème de surpeuplement sont ceux de *toutes* les maisons d'arrêt de notre pays en 1998.
Par là même, elle est l'exemple type de la grande misère, tant matérielle que morale, de l'institution pénitentiaire en France.

1
14 juillet 1997, fête nationale

Que s'est-il donc passé le dimanche 13 juillet 1997 ?

Après une nuit pluvieuse, le soleil fait une timide apparition. Je suis encore à cent lieues de me douter des événements que je vais déclencher. Quelques jours auparavant, avec un certain soulagement, mais aussi une déchirure intime, j'ai signé la lettre de démission de mon poste d'aumônier de la maison d'arrêt du Mans. Cette décision de quitter mes fonctions a été prise il y a déjà deux ans et l'évêque du Mans, Mgr Gilson, qui a fort bien compris mes motifs, me promet qu'il fera tout pour que je puisse me retirer avant la fin de l'année 1996. C'était sans compter sur sa nomination comme archevêque de Sens et Auxerre ainsi que prélat de la Mission de France qui interviendra en août 1996.

Le 1er août 1997, je « fêterai », jour pour jour, mes vingt ans officiels de prison et c'est donc ce jour-là que ma démission prendra effet. La semaine précédente, en prévision du 25 juillet, date anniversaire du 7 thermidor an V, création et installation de la prison départementale de la Sarthe dans l'ex-couvent des « ci-devant visitandines », on m'a demandé d'écrire un bref article pour la presse sur cet événement. Cela ne m'empêche pas de dormir et je me réjouis finalement, au plus profond de moi, d'abandonner ma fonction pour retrouver le silence et la paix. Que se passe-t-il alors durant la messe conventuelle de ce dimanche ?

Au moment de la consécration, je suis littéralement foudroyé par la pensée de profiter de ce bicentenaire pour écrire une lettre ouverte au ministre de la Justice. Je m'efforce de chasser cette idée, surtout à un tel moment, mais rien n'y fait.

À la fin de la célébration, vers midi, je pars pour Le Mans, à une vingtaine de kilomètres. Je dois baptiser à 13 heures le petit Paul-Antoine dans l'église Sainte-Croix. Durant ce court voyage, je réussis enfin à me libérer de ce que je considère comme une élucubration qui frise l'obsession. Arrivé en avance, je m'assois tout au fond du sanctuaire : un baptême collectif de cinq enfants se célèbre alors. Du dernier rang de l'assemblée, un homme apparemment jeune encore, mais aux cheveux entièrement blancs, se détourne plusieurs fois pour me dévisager. Je n'y prête guère attention. Cependant, avant de se retirer à la fin de la cérémonie, je le vois s'avancer vers moi.

– N'êtes-vous pas le père Michel ? me dit-il alors.

Répondant par l'affirmative je me demande qui peut bien être cet homme dont le visage ne m'est pas vraiment inconnu.
– Vous ne me reconnaissez pas ?
– Désolé, mais il m'est impossible de vous situer.

Il me donne alors son nom et, d'un seul coup, un passé vieux de plus de dix-huit ans me saute au visage. J'ai connu cet homme durant quelques années en prison avant qu'il ne soit jugé aux assises pour meurtre. Il a « pris » une grosse peine et je n'ai plus eu de nouvelles depuis. Il m'apprend qu'il a été libéré deux ans plus tôt. Avant de me quitter, il me remercie de l'avoir à plusieurs reprises convaincu de ne pas se supprimer.

Je raconte au grand-père du petit Paul-Antoine cette étrange et émouvante rencontre. Le reste de la journée va se dérouler avec l'image de cet homme imprimée comme en bas-relief tout au fond de moi-même.

Le lendemain 14 juillet, à l'heure de la parade militaire sur les Champs-Élysées, j'écris une lettre ouverte à Mme Guigou, garde des Sceaux, ministre de la Justice. Il se trouve que c'est elle qui occupe ces fonctions, mais peu m'importe alors l'identité du ministre... J'écris d'un seul jet, sans une rature, et, à 11 heures, c'est dans une paix profonde que je célèbre l'eucharistie dans la petite chapelle du monastère de la Merci-Dieu.

Dès le 15 juillet, j'envoie ce courrier en recommandé au ministre et en remets un exemplaire aux deux journaux locaux, *Le Maine libre* et *Ouest-France*. Ce dernier va publier l'intégralité de la lettre le 23 juillet en pages nationales avec un gros titre en première page. C'est alors que les médias s'emparent de l'« affaire ». Devant cette montée médiatique, je me trouve projeté comme dans l'œil d'un cyclone et, dès le 24 juillet, Mme le garde des Sceaux [1] m'invitera à la rencontrer Place Vendôme à la fin du mois d'août...

M'adressant à un ministre de la République, j'ai volontairement abordé le sujet par le biais des Droits de l'homme, réservant alors pour la conclusion de ma lettre la note de spiritualité qui a été mon souffle durant ces vingt ans de ministère en prison.

Moine cistercien, la Providence a permis qu'une grave maladie interrompe cette vie que j'avais choisie, treize ans après mon entrée à l'abbaye de Melleray et neuf mois après mon ordination sacerdotale. Ces années de vie communautaire et cette épreuve qui fut très dure m'ont sans doute permis durant vingt ans de mieux comprendre l'enfermement carcéral et le désarroi des personnes « mises en examen » et, constitutionnellement, « présumées innocentes ». J'ai reçu des milliers de confidences. Celles-ci ne m'appartiennent pas et sont un secret entre ces hommes et Dieu. Ce récit se veut donc seulement un témoignage sur l'état de certaines prisons françaises et sur le désintérêt du citoyen devant des situations qu'il aura, peut-être malheureusement, à affronter un jour.

---

1. *Cf.* Annexe 1.

Il se voudrait aussi le bonheur de pouvoir dire ma foi et de faire bien modestement découvrir les trésors d'humanité et d'humilité qui m'ont été donnés durant ces quelque 7 300 jours passés en compagnie de milliers de détenus.

2
« Lettre ouverte au ministre de la Justice, garde des Sceaux »

Lettre ouverte au ministre de la Justice, garde des Sceaux, à l'occasion du deuxième centenaire de l'implantation de la maison d'arrêt du Mans dans l'ancien couvent de la Visitation, le 25 juillet 1797.

Madame [1],
La loi du 7 thermidor, an V de la République française (25 juillet 1797), donnait propriété à l'Assemblée départementale de la Sarthe de l'ex-couvent de la Visitation du Mans pour servir de palais de justice, de gendarmerie et de prison.

Le palais de justice est devenu cité judiciaire en juin 1991 et a été installé somptueusement dans des locaux ultramodernes. La gendarmerie,

---

1. C'est Mme Élisabeth Guigou qui est ministre de la Justice, garde des Sceaux, le 25 juillet 1997.

depuis plus de trente années, s'est, elle aussi, délocalisée et surtout modernisée.

Quant à la prison, maison d'arrêt, elle va fêter dans quelques jours son deuxième centenaire. Aumônier catholique de cet établissement par arrêté du 1er août 1977, je viens de présenter ma démission à M. le directeur régional de l'administration pénitentiaire à dater du 1er août 1997. Je pense avoir, durant vingt ans, rempli cette fonction avec cœur et dévouement. Des raisons de santé et une certaine lassitude m'obligent à me retirer. Mais là n'est pas le sujet de mon propos.

Le journal *Ouest-France* du 17 juin 1978 reprenait une phrase que j'avais prononcée en public, la veille, devant Mme Monique Pelletier, alors secrétaire d'État à la Justice :

« La maison d'arrêt du Mans est la honte de la Sarthe. »

Non seulement, vingt ans plus tard, je ne retire pas un mot à cette déclaration, mais j'ajoute même que la maison d'arrêt du Mans est, au seuil du IIe millénaire, une honte pour notre pays qui se prétend le champion des Droits de l'homme!

En 1980, un autre secrétaire d'État à la Justice, M. Jean-Paul Mourot, venait en visite dans cet établissement et promettait beaucoup de choses... Mais ce ne furent que des promesses et elles ne vécurent que ce que durent les promesses. .

Depuis deux cents ans, des milliers et des milliers d'hommes sont passés dans ces murs. Cet établissement conçu pour 56 places de détention et 12 places de semi-liberté accueille en permanence 160 détenus et plus. Ceux-ci sont la plupart du temps à quatre par cellule dans une promiscuité épouvantable et l'un d'eux est obligé de coucher sur un matelas jeté à terre. Les cellules font à peine 9 mètres carrés et, en plus des trois châlits superposés, il faut ajouter une table, des tabourets, un lavabo et une cuvette de W.-C. Dois-je continuer la description?

Ayant été reçu fort civilement Place Vendôme par l'un de vos prédécesseurs il y a quelques années, j'avoue qu'il y a un monde entre les lambris dorés de votre bureau, par ailleurs admirable, et les cellules où je pénètre depuis vingt ans. Ne comparons pas ce qui n'est pas comparable et votre fonction réclame un tel apparat. Mais qu'il est dur de parler d'un « cul-de-basse-fosse » dans un environnement comme le vôtre...

L'atmosphère d'une maison d'arrêt n'est pas celle d'un centre de détention ni d'une centrale. L'homme mis en examen se retrouve du jour au lendemain confronté à une réalité épouvantable : coupé des siens, la plupart du temps sans moyen de communiquer, psychologiquement et moralement en état de détresse extrême, il lui faut faire face à cette promiscuité désastreuse. Combien de jeunes primaires [2] n'ai-je pas vu croupir des mois durant en compagnie de vieux routards de la délinquance ou des mœurs.

Vous savez mieux que moi que toute personne mise en examen est présumée innocente tant qu'elle n'a pas été jugée. M. le président de la

---

2. On appelle « primaire » la personne qui est confrontée pour la première fois à la justice.

République l'a fortement rappelé lors de son interview du 14 juillet en déplorant que ce principe soit continuellement bafoué. Alors pourquoi infliger une telle punition avant la condamnation quand on sait (mais le public l'ignore) que les centres de détention et les centrales sont beaucoup plus humanisés que les maisons d'arrêt?

Vous n'êtes pas sans savoir également la recrudescence des maladies infectieuses, et en particulier de la tuberculose, augmentation due au manque d'hygiène et à la promiscuité. Alors pourquoi imposer cela en maison d'arrêt?

Depuis deux cents ans, peu de choses ont changé au Mans : les bâtiments ont été classés « monument historique ». La cour de promenade est toujours dans le « préau » du cloître. Les sécurités, par contre, ont été considérablement renforcées et les barbelés coupants comme des rasoirs ont fleuri partout ainsi que les lignes électrifiées et les caméras de surveillance.

Mais les détenus sont toujours à trois ou quatre dans 9 mètres carrés. Il est un test que je vous invite à faire, Madame : rentrer le matin à 7 heures dans une cellule. Vous vous heurterez à un mur, mur de fumée, mur d'odeur, mur de misère humaine. C'est éprouvant...

Savez-vous quelle humanité déploie le personnel pénitentiaire pour rendre cette jungle un peu humaine? Depuis vingt ans, il m'a été donné de côtoyer ces hommes dont le travail n'est pas des plus faciles et qui souffrent, eux et leur famille, de l'incompréhension générale. Ce personnel mérite toute la considération et la reconnaissance de notre pays et je suis heureux et fier de pouvoir ici lui exprimer ma gratitude.

Je me suis laissé aller, Madame, à brosser ce tableau d'une noirceur affligeante mais sans exagération alors que je n'avais qu'un but en écrivant cette lettre : vous inviter, si vous l'osez et si vous le voulez, à venir dans cette maison d'arrêt pour son deuxième centenaire, le 25 juillet prochain. Bien sûr, votre visite peut être une visite ministérielle avec escorte de police et monsieur le Préfet en grand uniforme pour vous accueillir. On aura alors repeint à la hâte une ou deux cellules et habillé de neuf quelques détenus que vous pourrez croiser et il est sûr qu'un grand nettoyage aura été effectué.

Il serait certes plus humain de venir au débotté et d'appréhender la réalité telle qu'elle est vécue au quotidien dans cet établissement. On dit (mais faut-il donner crédit aux rumeurs ?) qu'un ancien président de la République n'aurait pas été réélu car il avait visité un établissement pénitentiaire et aurait serré la main de quelques détenus devant des photographes... Je dois dire que j'ai toujours trouvé auprès des hommes politiques du département une écoute attentive et polie. Cependant, bien peu, pour ne pas dire très peu, ont fait le geste de se déplacer pour visiter ce lieu. Le Mans a mauvaise réputation... Il y a eu des « affaires »... Mais tout cela s'enfouit maintenant dans l'oubli collectif.

Je ne sais, Madame, si nous partageons le même idéal et les mêmes valeurs chrétiennes. Mais nous partageons certainement les mêmes sentiments humanistes. Permettez-moi de vous livrer deux citations qui ne vous laisseront pas indifférente, j'en suis sûr.

La première est de saint Vincent de Paul, aumônier général des galères sous Louis XIV :

« Ne vous occupez pas des prisonniers si vous ne consentez pas à être leurs sujets et leurs élèves. Ceux que nous appelons les misérables, ce sont eux qui doivent nous évangéliser et convertir. Après Dieu, c'est à eux que je dois le plus. »

Et cette autre du grand orientaliste Louis Massignon :

« Il y aura à la fin, dans la sauvagerie du primitif, je dirais plutôt dans l'être le plus capable de crimes, il y aura un "point vierge" que Dieu seul connaît, et qui nous jugera tous. »

Vous excuserez, Madame, la grande liberté que j'ai prise de vous adresser ce courrier. Il m'était nécessaire, à la veille d'abandonner mes fonctions, de dire ce que j'ai sur le cœur, faisant partie de cette majorité d'anonymes qui essaient de comprendre leurs frères et de les aider en faisant attention que le cœur soit raisonnable et que la raison ait du cœur.

Je vous prie de croire, Madame, à l'expression de ma haute considération.

3
Le couvent de la Visitation, Balzac, Vautrin & Cie

Bien qu'arrivées au Mans en 1634, les religieuses de la Visitation Sainte-Marie, dites « visitandines », n'occuperont leur couvent qu'à partir de 1643. La construction de celui-ci se poursuivra tout au long du XVIIe siècle et les bâtiments conventuels seront achevés en 1723. Ils s'ordonnancent autour d'un cloître ayant trois galeries « voûtées de pierres de tuffeau, d'une voûte d'arêtes entremêlées de pans coupés avec des petits octogones... Il a environ dix pieds de large avec des tablettes de pierres taillées. Les tablettes de pierres taillées empêchent de tomber du cloître dans la cour du préau qui est à six pieds au-dessous... ». Au début du mois de juillet 1792, les religieuses sont expulsées et conduites dans l'ancien couvent des Ursulines pour y être enfermées. Aussitôt la Visitation est transformée en prison pour les soldats de la République, « insoumis » ou déserteurs.

Situé entre l'ancien Hôtel-Dieu qui borde la Sarthe et la place des Halles (actuelle place de la République), le couvent est bâti à flanc de coteau, ce qui explique les différences de niveaux entre le cloître, sa cour intérieure et le chœur des religieuses. Le 12 décembre 1793, la défaite des troupes de La Rochejaquelein au Mans entraînera le massacre d'au moins trois mille chouans sur la place des Halles et la place de l'Éperon, tout autour du couvent de la Visitation. Les insoumis et déserteurs sont alors transférés en d'autres lieux et les caves et lieux réguliers sont loués à des entrepreneurs pour le tissage du chanvre qui est la grande industrie du Maine à la fin du XVIIIe siècle.

En 1793, Louis Bruyère, ingénieur de l'école des Ponts et Chaussées, nommé depuis 1789 au Mans afin d'engager des travaux pour lutter contre le chômage et « créer des grandes maisons de travail », envisage d'utiliser le vieux palais épiscopal à côté de la cathédrale pour le transformer en prison et pouvoir allier ainsi « en un même lieu, le contrôle spatial du système carcéral, du système judiciaire et du système répressif ». Il doit cependant suivre le Conseil des Bâtiments civils qui veut « réconcilier les droits sacrés de l'humanité avec les restrictions imposées pour la maintenance de l'ordre public ». Dans ce but, et pour économiser les deniers publics, la décision est donc prise d'installer les institutions légales dans l'ancien couvent de la Visitation. Ce qui est fait par la loi du 7 thermidor de l'an V de la République française (25 juillet 1797).

C'était il y a deux siècles.

C'est à dessein que j'emploie le mot « siècles ». Deux cents ans évoquent trop, me semble-t-il, une certaine notion de temps qui se dilue dans l'esprit. Donc, il y a deux siècles, la France vivait sous le régime de la Terreur. On commençait à entrevoir une régularisation de la Révolution. Bonaparte est en Italie avant d'entamer en 1798 la campagne d'Égypte. Il n'était pas encore question d'Empire, ni de Restauration, ni de IIe République, ni de second Empire, ni de IIIe République, ni de Grande Guerre, ni de cette Seconde Guerre mondiale et des camps de concentration, ni de IVe République, ni de Ve République.

C'était il y a deux siècles...

À trois ans du IIe millénaire, n'est-ce pas la préhistoire ?

En 1836, le fameux Antelme Collet qui servit de modèle à Balzac pour son Vautrin publia ses *Mémoires* alors qu'il était au bagne de Rochefort. Il décrit la prison du Mans où il a été incarcéré, puis jugé en cour d'assises et condamné à vingt ans de bagne après avoir été marqué au fer sur l'actuelle place de la République. « Depuis le 12 septembre (1820) jusqu'au mois de juillet de l'année suivante, je restais dans les prisons du Mans [...] avec mes autres compagnons d'infortune. Ces misérables étaient en partie des jeunes gens condamnés à cinq, six, dix, quinze ans. La prison est située dans l'ex-couvent de la Visitation, et le tribunal se trouve au-dessus. Les cachots, au nombre de neuf, garnissent la cour;

ils peuvent à peine contenir huit à dix personnes. Les portes en sont ouvertes depuis le lever jusqu'au coucher du soleil et laissent aux détenus la facilité de se promener dans le préau. »

En 1977, traversant pour la première fois la cour de promenade des détenus, c'est-à-dire l'ancienne cour du cloître, j'ai vu tout autour du préau des portes de cellules ouvertes, ces cellules construites à la hâte en 1797. Deux hommes occupaient alors chacune d'elles. Pour toute aération, un soupirail au-dessus de la porte, celle-ci demeurant ouverte dans la journée. Le matin, à 8 heures, la corvée des tinettes... En hiver, pour ne pas geler, les occupants obturaient le soupirail au moyen d'une couverture et le dimanche matin, lorsque je me rendais à la chapelle, je voyais les murs suintant d'humidité, et, bien sûr, je ne parle pas des odeurs. Cela se passait en 1980 et j'avais sous les yeux une image fidèle de la prison révolutionnaire, celle exactement que connut Antelme Collet, le Vautrin de Balzac !

D'ailleurs, un jour, je rencontrais dans les couloirs Robert Hossein venu faire des repérages dans cette même cour pour le tournage des *Misérables*, tournage qui n'eut finalement pas lieu au Mans.

Il est évidemment très facile lorsqu'on parle de la prison de tomber dans le misérabilisme et notre esprit cartésien s'accommode mal de situations qui souvent semblent ambiguës. Je suis toujours effrayé du nombre d'ouvrages et d'études qui ont été réalisés sur la condition pénitentiaire tant au XIXe qu'au XXe siècle. Il n'est donc pas dans mon propos d'ajouter quoi que ce soit à tout ce que les spécialistes, souvent très qualifiés, ont pu écrire sur le sujet. Leurs travaux sont très précieux pour l'approche de cette réalité. Néanmoins, je pense que l'on a trop intellectualisé ce problème, ce qui a permis, et n'est-ce pas là un travers bien français, d'oublier la réalité souvent sordide dans laquelle se débattent les uns et les autres. Il ne faut pas que l'intellectualisme devienne ce bouclier de bonnes intentions qui malheureusement n'en restent qu'au stade des intentions.

Il n'est pas plus dans mon propos de revenir sur la nécessité ni sur l'existence de la prison dans la cité. L'incarcération du délinquant est un mal nécessaire car l'État doit être le garant de la sécurité du citoyen. Il me faut bien avouer que ces années passées dans l'intimité de détenus de droit commun ont contribué à faire évoluer ma pensée. Si, dès le départ, je me suis senti très solidaire, socialement parlant, du détenu, de ses angoisses et de ses attentes, j'ai aussi compris, au fil des années, que ce problème ne pouvait guère trouver de solutions globales et définitives. J'ai découvert, et ce me fut une révélation, l'individualité absolue de chaque personne humaine, de sa filiation divine et du regard de tendresse que Dieu porte sur chacune de ses créatures.

4
« La honte de la Sarthe »

J'aime les définitions claires et précises qui permettent à tous de parler de la même chose. Lorsque je parle de la prison, il s'agit de cet « établissement clos aménagé pour recevoir des délinquants condamnés à une peine privative de liberté ou des prévenus en instance de jugement ». Telle est la définition que donne le dictionnaire Robert. Le terme « enfermement », très à la mode, recouvre à mes yeux beaucoup plus une réalité psychique ou psychologique qu'une réalité corporelle. Mais en 1977, sans même me poser ces questions de définition, pouvais-je seulement imaginer ce qu'était l'univers dans lequel j'allais exercer mon ministère sacerdotal ?

Il me faudra faire plusieurs demandes et je devrai beaucoup insister pour arriver à visiter l'ensemble de l'établissement dans les mois qui suivront ma prise de fonction. On pénétrait alors dans la prison par un escalier de pierre aménagé dans l'ancien réfectoire des religieuses. Une énorme porte en bois munie d'un guichet bloquait cet escalier à son sommet. Une odeur de soupe au chou, de tabac froid et de suint vous agressait alors et vous mettait en condition. L'après-midi, cet escalier devenait une véritable cour des miracles, les familles des détenus attendant sur les marches de pouvoir accéder aux parloirs.

Quand vous aviez montré patte blanche, le surveillant préposé à la porte vous faisait pénétrer et vous vous trouviez face à d'immenses grilles. Pourquoi est-ce que j'emploie l'imparfait pour parler de quelque chose qui fondamentalement n'a pas changé? Si l'escalier de pierre a disparu, il a été remplacé par un perron extérieur. Cela a permis d'aménager par-dessous une minuscule salle d'attente où les familles peuvent s'entasser pour s'abriter des intempéries. La porte de bois existe toujours, mais elle est précédée d'une énorme porte blindée et d'un portique de sécurité où chacun doit passer avant d'accéder à cette immense grille.

Sur la gauche s'ouvre alors une des galeries du cloître qui permet d'accéder aux bureaux administratifs installés dans les anciennes salles de communauté, salles par ailleurs splendides avec leurs voûtes de tuffeau et leurs culots sculptés. C'est dans cette galerie, à la sortie d'un minuscule escalier, que l'on dressait l'échafaud pour les exécutions capitales lorsque celles-ci ne furent plus publiques. Les mémoires d'un lieu sont importantes et nous nous sommes trop habitués à l'éphémère des informations.

Passé la fameuse grille, on traverse un *no man's land* où se trouvaient il y a encore quelques années les alvéoles pour les parloirs. Pour pénétrer en détention, il faut alors franchir une seconde grille semblable à la première. Sur la gauche s'ouvrent le mirador et l'escalier permettant d'accéder à la cour de promenade. Celle-ci est maintenant goudronnée et permet de pratiquer quelques sports. Les visitandines n'ayant jamais pensé que la cour de leur cloître servirait aux ébats de détenus de droit commun, les dimensions en sont restreintes et correspondent à peu près à celles d'un terrain de basket. Au fond de cette cour, un escalier permet l'accès à une rotonde où se trouve la chapelle. En 1977, cette cour était de terre battue et complètement défoncée. La pluie la transformait en un immense bourbier et je garde le souvenir d'une sombre journée d'automne où je vis un détenu rester tout le temps de la promenade debout, immobile, pieds nus dans une flaque... Image poignante d'une solitude désespérée.

Poursuivant ma visite, on me fit alors découvrir ce qui me parut être l'image même de l'enfer et que l'on appelait le chauffoir. Il faut imaginer une grande pièce avec un plancher de bois, quelques tables et leurs bancs, un lavabo dans un coin et un trou à la turque servant de toilettes collectives et ce au vu de tous. Dans cette pièce, une centaine de détenus passaient la journée complètement désœuvrés au milieu des nuages de fumée. Dans un coin, un téléviseur hurlait et arrivait à couvrir les cris et les conversations de ces hommes.

Le soir, à 19 heures, les détenus gagnaient deux dortoirs de cinquante places où ils étaient enfermés jusqu'à 7 heures le lendemain matin. Cette vision misérabiliste de la détention me hante encore vingt ans plus tard et relève du cauchemar.

Dans une autre galerie du cloître, on me montra l'atelier où une douzaine de détenus rempaillaient des chaises pour un fabricant de meubles de Caen. Je découvris enfin la bibliothèque, pièce minuscule renfermant quelques centaines de livres.

Les cellules-cachots de la cour ainsi que le sous-sol de la chapelle, malgré leur inconfort et le manque total d'eau courante et de toilettes, étaient très appréciés car ils étaient occupés par les détenus du « service général », à savoir ceux qui étaient employés à la cuisine, à l'entretien et au balayage. Me faut-il encore parler de la cuisine et de l'infirmerie qu'une inspection de routine des services d'hygiène aurait immédiatement fait fermer ?

Déjà, toute une réflexion commençait à se faire en moi sur l'homme et sur sa dignité. Bien sûr, j'avais des idées très généreuses et générales sur ce sujet. Philosophiques d'abord, religieuses ensuite. Mais je me trouvais devant une réalité que je n'avais pressentie qu'à travers la lecture des *Misérables* de Victor Hugo. La privation de liberté devait-elle entraîner ces conditions de vie sordides ? Qu'avait d'humain cette jungle sinon le fait que c'était des hommes qui vivaient en ce lieu ?

C'est alors que, début juin 1978, je reçus un carton d'invitation. M. Bertrand de Maigret[1], député de la Sarthe, me conviait à Mayet, dans les environs du Mans, le 16 juin pour « dialoguer » avec Mme Monique Pelletier, secrétaire d'État à la Justice et membre de l'UDF, sur le thème « Les Français face à la justice ». Le débat devait être suivi d'un buffet campagnard. Je m'y rendis en compagnie de l'aumônier du prytanée militaire de La Flèche. Je pensais que seules quelques dizaines de personnes avaient été invitées. En fait, c'est plus de six cents personnes qui remplissaient la salle des fêtes de Mayet. Je n'avais aucunement l'intention d'intervenir, surtout devant une telle foule, en me rendant à cette invitation. Cependant je n'arrêtais pas de griffonner des réflexions sur mon carton d'invitation, réflexions que je faisais lire à mon voisin. Après l'exposé de Mme Pelletier, mon ami l'aumônier militaire me poussa vivement à prendre la parole. Je me levai et, d'emblée, donnai le ton de mon intervention : « Il existe des détentions préventives abusives, surtout dans cette maison d'arrêt du Mans qui est la honte de la Sarthe. Il y a cent à cent vingt détenus en moyenne, parqués dans une salle, tous mélangés, grands criminels et voleurs de voitures. Bien sûr, depuis quinze ans, cette maison d'arrêt doit être reconstruite, mais quand ? Actuellement, la prison est une école de

---

1. M. Bertrand de Maigret, gendre de M. Michel Poniatowski, alors ministre de l'Intérieur, ne fut député de la Sarthe que la durée d'une législative.

délinquance : j'ai connu des voleurs de voitures venus pour deux, trois mois, qui sont devenus de grands délinquants. Alors, que faut-il faire [2] ? »
Durant toute cette intervention, mes genoux se dérobaient et je me demandais si j'allais pouvoir aller jusqu'au bout de mon propos.

Mme Pelletier me répondit en ces termes : « En matière correctionnelle, un gros effort a été fait pour éviter la détention provisoire qui doit rester, rappelons-le, l'exception. Quant à la maison d'arrêt, oui, elle est programmée, mais il y a des réalités budgétaires avec des contraintes drastiques. Cependant, Le Mans est considéré comme une priorité [3]. »

M. Michel d'Aillières, sénateur et président du Conseil général, intervint à son tour : « Il y a trois ans, le Conseil général a été atterré par la promiscuité de la maison d'arrêt en la visitant. Et nous sommes intervenus. Le terrain a été acheté. Mais il y avait plus urgent que nous, Nantes notamment. Toutefois, il faut redire que le problème est urgent. »

Ce qui attira la réponse de Mme Pelletier : « J'ai bien entendu [4]... »

Moi aussi, j'avais bien entendu.

---

2. Propos publiés dans *Ouest-France* - 17 juin 1978.
3. Propos publiés dans *Ouest-France* - 17 juin 1978.
4. Propos publiés dans *Ouest-France* - 17 juin 1978.

5
Un certain monsieur Boisseau, en 1872...

Les promesses seraient-elles comme les roses? Juste écloses, elles s'épanouissent rapidement puis se flétrissent. Il faut alors attendre qu'un nouveau bouton vienne à maturité pour recommencer le cycle et se laisser enivrer des senteurs et des beautés de la fleur.

Dès 1979, des travaux importants furent entrepris pour transformer la détention et construire des cellules supplémentaires. Le 8 décembre 1980, M. Jean-Paul Mourot, secrétaire d'État à la Justice (il a remplacé Mme Pelletier), vient en visite au Mans et, le 9 décembre, le journal *Ouest-France* publie un article intitulé :

« La prison du Mans : plus la honte de la Sarthe... mais pas encore son orgueil ».

Suit, sous la signature de Didier Pillet, un inventaire de tous les efforts accomplis par le ministère de la Justice pour tenter d'améliorer les conditions de détention. Il conclut son article sur

cette déclaration solennelle du secrétaire d'État :
« Par la rénovation, notre objectif était de donner des conditions de détention décentes. Faut-il continuer à investir dans de gros travaux ? Non, puisque nous allons construire une nouvelle maison d'arrêt. Elle doit être construite [...] sur un terrain de 5 hectares déjà acquis. Le ministère est d'accord pour édifier à côté une maison centrale [...]. »

Les archives sont vraiment impitoyables et, en lisant cela dix-sept ans plus tard, on aurait presque envie de rire si la réalité ne se révélait pas dans toute sa mesquinerie. Envie de rire, bien sûr, devant les gabegies de l'État et les contradictions des déclarations d'hommes politiques ! On peut alors s'interroger sur le vrai pouvoir qui dirige le pays : est-ce bien celui des politiques ? Ne serait-ce pas plutôt celui des (hauts) fonctionnaires ? Il aura donc fallu attendre cent-quatre-vingt-trois ans avant de rénover les cellules-cachots de la cour... On croit rêver ! Je ne me crois ni anormal ni révolutionnaire. Peut-être ai-je seulement une conception trop généreuse de l'humain, même dans son sens le plus restrictif.

Plongé dans cet univers qui jusqu'alors m'était totalement inconnu, je me suis trouvé confronté à des situations de détresse extrême. Et pourtant, je continue à penser que le XIXe siècle français, héritier des théories et du dogmatisme révolutionnaires, a été en Europe la figure de proue de cette générosité humaniste.

Proudhon (1809-1865), ayant lui-même goûté des fastes de l'incarcération durant trois ans à

Clairvaux, écrivait cette phrase qui devrait être gravée en lettres d'or dans toutes les salles d'audience : « La justice est le respect, spontanément éprouvé et réciproquement garanti, de la dignité humaine, en quelque personne et dans quelque circonstance qu'elle se trouve compromise, et à quelque risque que nous expose sa défense [1]. »

Poursuivant mes recherches aux archives départementales de la Sarthe, je tombai alors sur un petit bijou intitulé : *Des prisons départementales – Réponse aux questions de la commission d'enquête sur le régime des établissements pénitentiaires de la Sarthe,* dont l'auteur n'était rien de moins que M. Boisseau, président du tribunal civil du Mans. Il écrivit ce petit chef-d'œuvre en 1872, soit cent six ans avant que j'interpelle Mme Pelletier et cent huit ans avant que l'on commence les travaux de rénovation. Le poète avait bien raison lorsqu'il écrivait : « Ô temps suspend ton vol... » La commission de surveillance prenait alors son rôle très au sérieux : « Toutes les semaines, l'un des membres de la commission de surveillance visite les différents quartiers de la prison du Mans. Il écoute les plaintes que les détenus ont pleine liberté de lui adresser sans être entendus des gardiens, et il les consigne sur son procès-verbal. À chaque réunion de la commission, ces procès-verbaux sont analysés et la commission délibère sur les observations ou les

---

[1]. Pierre Joseph Proudhon, *De la justice dans la Révolution et dans l'Église,* 1858.

plaintes qui s'y trouvent formulées [2]. » Mais l'administration n'aime pas qu'on vienne fourrer son nez dans ses affaires. Qu'en est-il en 1997 de ces si bonnes dispositions : la commission de surveillance se réunit une fois par an et c'est tout! Je n'ai jamais vu l'un de ses membres venir chaque semaine visiter l'établissement. Il est certain que chaque détenu peut écrire librement au procureur de la République, à son juge d'instruction, à son avocat et, à plus forte raison, au ministre de la Justice. La plupart du temps, il reçoit un accusé de réception, c'est-à-dire qu'on vient lui faire signer un registre spécial prouvant que sa lettre a bien été transmise, et, s'il y a une réponse, celle-ci parviendra plusieurs mois plus tard... ou jamais! À moins que le détenu ne dénonce quelque scandale ou des sévices, auquel cas on se dépêchera d'étouffer l'affaire...

Ce n'est pas sans un certain sourire qu'on lit ce petit fascicule pétri de pensées humanitaires : « Mais, lorsqu'une fois, grâce aux progrès de la civilisation, des institutions et des mœurs, le problème pénitentiaire se trouve nettement posé devant la conscience publique, il est impossible qu'elle ne se rende pas compte des vices de l'emprisonnement en commun, qu'elle ne se sente pas responsable des maux qui en sont la suite, et qu'elle ne condamne pas à périr l'arbre qui porte des fruits aussi détestables [3]. »

---

2. M. Boisseau, *Des prisons départementales*, Société d'agriculture, sciences et arts de la Sarthe, Le Mans 1872, p. 19.
3. *Ibid.*, p. 25.

L'indifférence générale est sans doute l'obstacle le plus lourd et le plus dur auquel je me sois heurté durant ces vingt années. La prison dans la cité est un motif de sécurité et lorsque le citoyen se sent en sécurité, il n'a plus aucun souci de ce qui se passe derrière les murs. Le lendemain lui paraît suffisamment lointain pour qu'il ne se préoccupe plus de l'homme en prison qui, cependant, sortira un jour de cet univers concentrationnaire avec toutes les conséquences que cela implique.

Lorsque le vice-président de la commission de surveillance de la prison du Mans insiste pour que celle-ci se réunisse très souvent, c'est qu'il a parfaitement compris son rôle vis-à-vis de l'administration. « C'est en fonctionnant de la sorte que la commission a pu, depuis bientôt dix ans, provoquer de nombreuses améliorations dans le service, empêcher sans doute plus de mal encore qu'elle n'a fait de bien, et se défendre des causes de dissolution dont les commissions de surveillance sont trop souvent menacées. [...] Si elles ne visitent la prison qu'en corps, précédées du préfet, dans des circonstances solennelles ; si elles ne se réunissent que sur la convocation du préfet, à de longs intervalles, elles n'apprennent rien, elles ne savent rien des questions qui leur sont soumises, elles n'ont pas les moyens de les étudier, elles y répondent de confiance, sans les comprendre, et, parce qu'elles sentent que les avis qu'elles donnent sont dépourvus de valeur, elles ne s'intéressent pas à ce qu'elles font [4]. »

---

4. *Ibid.*, p. 35 - 36.

Peut-être n'aurais-je jamais osé écrire de telles phrases et je me pince en les lisant lorsque je réalise qu'elles ont été écrites il y a cent vingt-cinq ans. Mais la vie carcérale continue son petit bonhomme de chemin tandis que tous les politiques, de quelque tendance qu'ils soient, nous assurent, la main sur le cœur, que tout est pour le mieux dans le meilleur des mondes possibles et que, de toute façon, la France est le pays des Droits de l'homme. Je suis étonné d'un tel aveuglement orgueilleux et lorsque je parle de « cul-de-basse-fosse », un ministre de la Justice me répond qu'il est profondément choqué de ce que j'écris. Oui, il est vraiment difficile d'imaginer une telle réalité lorsqu'on dirige sous des lambris dorés...

Déjà, en 1872, M. Boisseau ne se fait guère d'illusions sur la volonté politique des dirigeants : « Il y a plus de trente ans (donc avant 1842) que la réforme de notre système pénitentiaire est à l'étude. Trois ou quatre gouvernements ont coopéré à cette grande œuvre; d'immenses travaux ont été entassés les uns sur les autres; d'admirables projets ont vu le jour; nous n'avons cependant rien fait, et ce sont les nations voisines qui appliquent chez elles les institutions dont nous nous sommes contentés de découvrir la formule. [...] Le temps se passe, le vent des révolutions emporte tous ces projets, si mûrement conçus, si péniblement élaborés, et tout est à refaire. Si nous pouvions nous contenter d'appliquer nos idées aussitôt qu'elles sont mûres, lorsque la nécessité de les appliquer est reconnue, et dans la mesure de cette nécessité, ce serait un grand progrès [5]. »

Il est bien évident qu'il fut des jours où je me révoltais au plus profond de moi-même devant tant de mauvaise volonté – l'expression n'est-elle pas trop forte? – en tout cas devant tant de laxisme. Je me suis bien souvent trouvé comme Sisyphe poussant son rocher devant lui jusqu'au sommet de la montagne pour le voir retomber presque aussitôt. Tous les hommes politiques qui me firent l'honneur de me recevoir m'écoutèrent toujours avec un grand intérêt, très poliment et en me félicitant de tout ce que je faisais. Je fus décoré de l'ordre national du Mérite, je reçus la médaille pénitentiaire. Il faut savoir flatter...

J'ai eu des moments de très grand découragement. Ils devinrent alors pour moi une forme de rédemption. Si, dans les premières années de mon ministère carcéral, je fus tenté de m'immerger dans une lutte à l'aspect social car j'étais révolté de ce que je voyais, ce fut aussi cette grâce immense de découvrir que j'étais homme moi aussi. Comme les hommes que je côtoyais. Ni meilleur, ni pire. Capable de toutes les turpitudes comme de toutes les générosités. J'ai compris alors ce que ces hommes attendaient inconsciemment de moi. Être au milieu d'eux comme un frère ou comme ce père que tant d'entre eux auraient désiré avoir. Que de fois ne m'ont-ils pas fait cette confidence :

– « Ah! si tu avais été mon père... »

---

5. *Ibid.*, p. 38 - 39.

Et comment alors ne pas se sentir remué jusqu'au plus profond des tripes, car ces confidences ne relèvent pas de l'intellectualisme, mais de cette chair dont nous sommes tous pétris.

6
Lynchage ou présomption d'innocence ?

Depuis de nombreuses années, je suis hanté par le visage de Marie-Félicité Lepage. Qui donc était cette jeune femme morte à l'âge de 35 ans dans des conditions dramatiques totalement indépendantes de sa volonté ? J'aimerais pouvoir tracer son portrait, j'aimerais savoir la joliesse de son visage car je l'imagine belle sans ostentation, belle parce que fidèle à son amour. Je n'ai pu jusqu'à présent que connaître sa signature. Elle savait lire et écrire. Quel crime avait-elle commis pour mourir en prison ? Elle est et demeure pour moi l'antithèse même de l'article XIII de la Déclaration des Droits de l'homme dans la version dite « girondine » du 29 mai 1793 : « Tout homme étant présumé innocent jusqu'à ce qu'il ait été déclaré coupable, s'il est jugé indispensable de l'arrêter, toute rigueur qui ne serait pas nécessaire pour s'assurer de sa personne doit être sévèrement réprimée par la loi. » Marie-Félicité Lepage est morte en 1793... Elle était religieuse au couvent de la Visitation du Mans. La veille de sa profession religieuse, elle écrit ces mots : « J'ai été examinée le 26 août 1789 par Monsieur l'abbé Pichon, supérieur de toutes les communautés religieuses du diocèse, et, pour cet effet, j'ai sorti (sic) dans le parloir pour dire en toute liberté ce que bon m'a semblé et avec la même liberté j'ai parlé le même jour à mon père et à ma mère ; tous rendront témoignage que c'est de ma franche et libre volonté que j'ai fait la sainte profession. » Le 23 août 1790, le directoire du district du Mans se rend au monastère de la Visitation pour y dresser l'inventaire et signifier aux sœurs qu'elles sont libres de quitter leur couvent. On peut lire sous la plume du greffier : « Dame Marie-Félicité Lepage âgée de 34 ans a déclaré vouloir rester et a signé. » En juillet 1792, les religieuses « furent conduites de leur monastère en prison, dans la maison des Ursulines qui en tenait lieu comme bien d'autres, et dans le trajet il ne manqua rien à leur humiliation et à leur douleur. [...] Elles furent escortées en plein jour par la garde nationale, au bruit des tambours et des huées de la populace qui faisait fondre sur elles une nuée de pierres et de boue. Elles ne sortirent de prison qu'à la mort de Robespierre. [...] Elles eurent la douleur de voir notre chère sœur Marie-Félicité Lepage, la plus jeune de la communauté, succomber aux tristes privations de ce lieu de souffrance. Elle mourut saintement, quoique privée des secours de la sainte Église, la persécution n'ayant permis à aucun prêtre l'accès de la prison... »

Pourquoi tant d'hypocrisie dans les textes officiels ? Pourquoi cette dichotomie entre le fait intellectuel et la réalité ? Pourquoi se faire les champions des Droits de l'homme, alors que nous ne sommes même pas capables de respecter ce que nous écrivons ? La présomption d'innocence avant la condamnation par un tribunal est inscrite dans la Constitution de la République. Peut-être est-ce là le point qui, tout au long de ces vingt ans, m'a le plus angoissé. J'en ai pris très brutalement conscience une après-midi d'été.

Quelle heure était-il exactement ? Peut-être 17 heures. Depuis plus d'un mois, le pays tout entier était secoué par un de ces scandales qui attisent les passions les plus morbides au fin fond de chacun d'entre nous. J'avais passé mon après-midi en détention pour rencontrer les détenus qui en avaient exprimé le désir avec toujours le même cortège de demandes, d'angoisses, de pleurs car on pleure en prison. J'étais heureux, pourquoi le nier, de sortir et de retrouver le soleil, la nature et mon petit monastère. En passant au greffe pour rendre mon trousseau de clés, on m'annonça que le présumé assassin avait été arrêté et qu'on l'attendait dans la soirée. J'ai brusquement eu hâte de sortir.

Quelle ne fut pas alors ma stupéfaction en ouvrant la petite porte donnant sur la rue du Vert-Galant d'apercevoir, derrière des barrières métalliques qui avaient été dressées à la hâte, plusieurs centaines de personnes avec quelques policiers pour les contenir. Ne comprenant pas ce qui se passait, je restai quelques instants devant

la porte lorsqu'un cri jaillit d'au milieu de la foule :
– Qui c'est celui-là ?
– Vous inquiétez pas, répondit une voix de femme, c'est le curé de la prison.
– Parce qu'en plus on leur donne un curé, comme s'il n'avait rien d'autre à faire qu'à traîner au milieu de ces pourritures !

Et, partant de là, les quolibets jaillirent et je me fis traiter de tous les noms possibles et imaginables. La police dut me protéger pour quitter la rue.

C'est certainement l'un des souvenirs les plus pénibles de ma vie. Ces femmes (elles étaient en majorité) attendaient le convoi qui amènerait le présumé assassin. La folie collective est sans doute l'un des éléments les plus incontrôlables de la nature humaine et j'assistais en fait au rassemblement pour le grand dépeçage. L'homme redevient alors une bête et j'imagine sans peine Marie-Félicité Lepage traversant la foule sous les huées et les jets de pierres et de boue, sous la protection peut-être peu complaisante de la garde nationale.

Nuit du 17 au 18 juillet 1996 – c'était il y a un an. Une jeune Anglaise de 15 ans, Caroline Dickinson, est découverte étranglée et violée à l'auberge de jeunesse de Pleine-Fougères en Ille-et-Vilaine. Une semaine plus tard, on arrête un routard. C'est lui, sans aucun doute possible, le criminel. La gendarmerie se félicite de la célérité et du résultat de son enquête qui a permis d'arrêter le « monstre ». La presse et les médias révèlent le nom de cet homme et le soir, dans les chaumières, tout le monde se fait frémir en imaginant la « gueule » de ce type. On le voudrait déjà guillotiné et, de-ci de-là, les partisans de la peine de mort retrouvent leur ferveur militante de garants de l'ordre public.

Deux semaines après l'arrestation, cet homme est remis en liberté : ce n'est pas lui l'assassin, les tests génétiques sont formels. Son nom désormais est sali et rien ne pourra plus jamais le laver de ces soupçons d'infamie.

Il ne faut pas grand-chose pour que l'homme retrouve sa bestialité profonde. Les westerns nous ont habitués à regarder les scènes de lynchage et, au plus profond de nous-mêmes, nous sommes adeptes des justices expéditives quitte à affirmer aussitôt après les grands principes humanitaires. Les démagogues n'en sont pas à une contradiction près et leur préoccupation principale est de chercher à plaire au peuple. « Du pain et des jeux » clamaient les Romains. Avons-nous beaucoup changé ?

Dans les procès, je suis toujours surpris, lorsque les preuves font défaut, qu'on se rabatte sur l'« intime conviction ». C'est peut-être le plus fallacieux symbole de la bonne conscience, celle qui excuse toutes les erreurs. Lorsqu'on regarde l'Histoire, combien de génocides ont été commis en son nom... Les rumeurs assassines, fruit des médisances et des calomnies, forgent nos « intimes convictions ». Avant même que la justice ne se prononce, nous avons, la plupart du temps, exprimé notre opinion et fait « notre » justice. Peu importent les conséquences. Mais n'est-il pas du devoir des gouvernants qui se flattent de diriger un pays de « droit » de devoir apprendre au peuple la maîtrise de ses émotions quelque légitimes qu'elles soient ?

Il s'agit là d'un devoir d'honnêteté.

7

La descente aux enfers des « usagers du service public de la justice »

Le 24 juillet, en répondant à ma lettre[1], le garde des Sceaux, ministre de la Justice, emploie une litote merveilleuse. Je souhaite qu'elle ne fasse pas date dans l'histoire des lettres françaises. Elle est à mes yeux une insulte pour ceux que cela concerne. Évoquant les personnes mises en examen, c'est-à-dire des détenus incarcérés préventivement, il parle dans le meilleur style administratif des « usagers du service public de la justice ». Est-ce une nouvelle forme d'humour noir ? Je la trouve alors particulièrement déplacée, ou n'est-elle tout simplement que l'expression de ce qu'on appelle le « politiquement correct » ? Je pense sincèrement que c'est avec de telles phrases que l'on engendre les révoltes.

---

1. *Cf.* Annexe 1.

Il est prévu, à l'article D. 437 du Code de procédure pénale, la disposition suivante : « Les aumôniers nommés auprès de l'établissement peuvent s'entretenir aussi souvent qu'ils l'estiment utile avec les détenus de leur culte; aucune sanction disciplinaire ne peut entraîner suppression de cette faculté. » Le « mitard » désigne le « local disciplinaire » ou plutôt la cellule-cachot où l'on enferme le détenu fauteur de troubles durant quelques jours... ou quelques semaines. À la prison du Mans, c'est une pièce minuscule (6 mètres carrés environ) munie d'un sommier métallique rabattable, d'une tablette et d'un cube de ciment servant de tabouret, le tout scellé dans le sol. Dans un coin, un trou « à la turque ». Un robinet au-dessus sert de chasse d'eau et permet les ablutions. Dans la journée, le sommier est relevé et le matelas enlevé. Pour pénétrer, passé la porte, il faut ouvrir une grosse grille munie d'un guichet par lequel on fait passer au détenu le plateau-repas.

Je me rappelle mes premiers effrois lorsque je dus aller rendre visite à un homme au « mitard ». Après m'être démuni de tous mes objets personnels, je me trouvais enfermé avec le détenu puni dans le cachot et je demandais que l'on vienne me chercher un quart d'heure plus tard. Tout de suite, j'ai pris le parti de m'asseoir par terre, invitant le détenu à faire de même afin qu'aucun de nous deux n'utilise le tabouret. Bien sûr, j'ai eu peur, imaginant toutes les réactions que pourrait avoir un être poussé à bout. Et pourtant je garde de merveilleux souvenirs de ces moments d'intimité où deux hommes communiquaient ensemble, liés par une fraternité de misère.

Il est difficile d'imaginer l'angoisse de la mise en détention surtout pour quelqu'un qui n'a jamais été arrêté et qui ignore tout, mais absolument tout, de la jungle dans laquelle il va être plongé. Tristes « usagers du service public de la justice » !

L'arrestation est suivie de vingt-quatre ou quarante-huit heures de garde à vue soit en gendarmerie, soit au poste de police, afin que les premières investigations aient lieu. Normalement, depuis quelques années, un avocat est appelé sur les lieux. Puis c'est la présentation devant un juge d'instruction qui va décider ou non d'incarcérer la personne. Les réformes interminables de la justice prévoient chaque fois de nouvelles modalités pour que cette incarcération ne soit pas seulement dictée par le bon plaisir du magistrat instructeur, et la presse se fait régulièrement l'écho des divisions entre les différentes écoles de pensée de la magistrature.

Si la personne doit être incarcérée, commence alors la descente aux enfers. À l'entrée de la prison, la police ou la gendarmerie remet le « paquet » à l'administration pénitentiaire en ôtant les menottes. L'homme est amené dans une petite salle d'attente grillagée avant de passer au greffe où il doit décliner son identité et donner tous renseignements concernant en particulier sa position familiale. On prend ses empreintes digitales et il doit remettre toutes les valeurs qu'il a sur lui, argent, bijoux, etc. À partir de ce moment-là, il peut pénétrer en détention. Mais il va d'abord passer à la fouille générale. Si toutes les valeurs et objets précieux sont restés au greffe où un procès-verbal a été dressé, on recommence la même opération pour les vêtements et bagages après qu'il a été fouillé à corps. Complètement nu devant un surveillant, jambes écartées, il doit se pencher en avant pour qu'on puisse constater que rien n'est caché dans certaines parties du corps. Si ses vêtements sont en loques ou douteux quant à la propreté, l'administration lui procure un survêtement. S'il garde ceux qu'il a sur lui, ils sont alors fouillés minutieusement pour s'assurer qu'ils ne recèlent aucun objet pouvant être transformé en arme, et aussi pour vérifier que de la drogue ne se cache pas dans les doublures et les ourlets. On lui donne une couverture, des draps, un bol en Pyrex, une cuillère et une fourchette ainsi que « le » couteau pénitentiaire : c'est un petit canif au bout arrondi qui aurait beaucoup plus sa place dans une dînette de poupée. Il reçoit aussi la pochette des arrivants, contenant un rouleau de papier hygiénique, une savonnette, du dentifrice et une brosse à dents. Bien sûr, les vieux « briscards » et les récidivistes connaissent la chanson et, pour eux, cette petite cérémonie de la fouille permet surtout de tester le surveillant qui est à ce poste pour savoir jusqu'où on peut aller avec lui et ce qu'on peut lui demander.

On peut maintenant aller en cellule. En écrivant cela, je m'en veux de faire une description aussi sèche et précise d'une réalité à laquelle est confronté un homme. Cette précision d'entomologiste est cependant nécessaire pour échapper à tout sentimentalisme larmoyant. Je pense que cette vision quasi clinique de la détention m'a permis tout au long de ces années de garder un équilibre qu'une trop grande sensibilité m'aurait rendue insupportable. Il m'a été donné de passer vingt années de ma vie dans cette nudité toute nue. Sans doute cela m'a-t-il permis de découvrir au-delà de l'immonde toute la beauté et la profondeur que chaque être humain recèle au plus intime de lui-même.

Partant de mon expérience du mitard, j'ai souvent imaginé mon arrivée en cellule si un jour je devais être arrêté et incarcéré. Après la fouille, il m'aurait fallu suivre un surveillant qui, après avoir ouvert et refermé de lourdes grilles, m'aurait introduit dans un couloir sinistre. De chaque côté, face à face, des portes percées seulement d'un œilleton. Le tintamarre des télévisions et des radios remplit mes oreilles. Le surveillant s'arrête devant une porte, inscrit mon nom dessus et, après avoir regardé par l'œilleton, ouvre la porte et me dit d'entrer. C'est là mon nouveau domicile. Un haut-le-corps me saisit devant le spectacle qui s'offre à mes yeux. Tout est gris : c'est cela qui me frappe en premier. L'un des murs est occupé par trois lits métalliques superposés. Un muret sépare la cuvette des W.-C. d'un minuscule lavabo. Un homme est assis sur la cuvette et une odeur pestilentielle se dégage de cet endroit. Dans l'espace qui reste, une table et trois tabourets. Sur la table, des miettes, quelques morceaux de pain et un bol sale. Une vieille boite de Ricoré sert de cendrier. On m'a prévenu à mon arrivée qu'en raison de la surpopulation nous serons quatre dans la cellule et qu'étant le dernier on me donnera un matelas que j'étalerai par terre pour la nuit. Sur les lits, deux hommes sont étendus. Ils sont torse nu et l'un exhibe des tatouages qui n'ont certainement pas été faits par un professionnel. Pas un mot d'accueil. On me regarde avec des yeux inexpressifs et pourtant j'ai l'impression d'être immédiatement déshabillé et le peu d'intimité que j'ai encore au fond du cœur est violé dans l'instant. Je suis pris d'une quinte de toux en traversant le mur de fumée qui finalement atténue un peu l'odeur fétide des toilettes. Des larmes me montent aux yeux et, tournant la tête, j'essaie de ne pas montrer ma faiblesse. Dans quelques jours je vais fêter mes 22 ans : drôle d'endroit pour un anniversaire. Celui qui était aux toilettes se lève. Bruit de chasse d'eau. Il se rend au lavabo et se passe les mains sous l'eau puis il se retourne vers moi. Je suis encore paralysé par la peur et l'angoisse. Le surveillant a refermé la porte. Ses pas s'éloignent et il agite son trousseau de clés avant que la grille du bout du couloir ne claque en me faisant sursauter. L'homme s'est planté devant moi. Il est jeune : 22, 23 ans. Il est grand, aussi grand que moi. Blond, une petite moustache, plutôt un duvet fourni et, parce que c'est la mode, une barbiche au bout du menton. D'emblée il m'apostrophe :

« T'as du fric? En tout cas, compte pas sur nous pour les clopes! » et il va s'asseoir. Sur le lit du haut, le tatoué me regarde sans dire un mot. Il a une sale gueule. J'ai vraiment la trouille, cette peur viscérale. Je sens que je vais vomir. Il faut que je tienne. Le troisième se lève alors. Il est plutôt du genre maigrichon. On voit ses côtes. Son visage, en lame de couteau, est un peu de travers. Il me dit « Salut », et va s'asseoir en face du blond. Il allume une cigarette et m'engueule parce que je suis toujours debout. Un silence pesant, on pourrait presque le couper à la tronçonneuse, s'installe malgré la télé qui fonctionne. En m'asseyant, un sanglot m'étouffe. Le brun maigrichon me donne une cigarette et me dit :

« T'inquiète pas, on est tous passés par là. »

Là-haut, sur son lit, le tatoué ne me quitte pas des yeux. J'en ai oublié cette odeur de fumée, de sueur, de crasse qui m'a assailli tout à l'heure. J'ai de plus en plus envie de pleurer. Mais pourquoi suis-je en prison ? J'ai pourtant bien expliqué au juge d'instruction (il avait l'air sympathique et j'ai eu confiance) tout ce que j'avais fait : j'ai dealé un peu de shit et je me suis fait balancer par un autre dealer à qui je devais 1 000 francs. Le juge m'a dit qu'il devait remonter toute la filière et qu'il était obligé de me mettre « à l'abri », mais de qui et de quoi ? Il m'a assuré que ce ne serait pas long, quelques jours tout au plus. Je raconte ça à mi-voix au brun. Le blond, lui, s'est fait réchauffer un café et regarde la télé. Sur le coup de cinq heures et demie, on est venu nous apporter le plateau-repas. Dans mon bol, on m'a versé de la soupe. Sur le plateau à alvéoles, deux sardines à l'huile, de la purée et, chose qui me paraît incongrue dans cet endroit, un gâteau. J'ai l'appétit complètement coupé. D'autorité, le blond me prend mon plateau en me disant qu'il a faim et que de toute façon, ici, c'est lui qui commande. Le tatoué est descendu de son lit. Très grand, une tête de brute, il n'a toujours pas dit un mot. Il avale tout en quelques minutes. Le brun est le plus sympathique et nous parlons un peu ensemble à mi-voix. Lui aussi se renseigne sur mes ressources. Je lui dis que je n'avais rien quand les « condés » m'ont « serré ». Mes parents ? D'abord, ils ont divorcé quand j'avais 14 ans. Mon père vit dans la région, mais jamais il ne viendra me voir en prison. Il est trop fier. Ma mère, elle est partie je ne sais pas trop où. Pour moi c'est la galère depuis deux ans. Je suis assez beau gosse et j'arrive toujours à trouver une nana pour me loger. Le blond a entendu une partie de la conversation. Il me dit alors que demain je devrai laver la cellule et surtout faire sa lessive. Il me donnera alors une cigarette, sinon il me « cassera la gueule ». C'est le type même du voyou qui doit très bien savoir jouer du couteau. J'ai compris qu'il ne fallait pas que je demande à mes nouveaux compagnons la raison de leur présence dans ces murs.

Je n'ai pas fermé l'œil de la nuit. Ce matin, je suis convoqué à l'infirmerie. On me demande si je veux faire le test du sida. Je refuse. J'ai suffisamment d'ennuis comme ça. En sortant de l'infirmerie, une jeune femme parle dans le couloir. Elle demande au maton qui je suis. Apprenant que je suis arrivé la veille, elle me fait entrer dans son bureau. C'est l'une des assistantes sociales. Je lui raconte tout. Elle remplit des papiers administratifs. C'est le premier visage féminin que je vois et c'est un peu un rayon de soleil. Elle voit que je suis complètement paumé et se propose de téléphoner à quelqu'un de ma famille. Je lui dis que je n'ai rien pour « cantiner ». Elle me conseille alors de rencontrer l'aumônier : il a un peu d'argent pour aider les indigents. De retour à la cellule, je raconte tout au brun...

... Il y a maintenant trois mois aujourd'hui que je suis à la prison. Je n'ai jamais revu le juge d'instruction. J'ai l'impression d'être dans un cul-de-sac. Ce matin, j'ai reçu une lettre de mon père : la première. Bien sûr elle était ouverte et je sais qu'elle a été lue par le vaguemestre. Je me suis installé sur mon lit. Je la tourne et la retourne, mais je n'ose pas la lire. À travers cette enveloppe, c'est ma vie qui revient. Je ne couche plus par terre depuis quinze jours. Le tatoué a été jugé aux assises. Il a pris perpète et c'est par le journal qu'on a appris qui il était. Il a 34 ans et il a tué une fillette après l'avoir violée. Il a été transféré immédiatement : on craignait pour sa peau à l'intérieur de la prison. J'ai pris son lit. Il y a un mois le grand blond a changé de cellule et de quartier. Quelques jours après mon arrivée, il m'a dit que mes yeux verts lui donnaient des « idées ». Un jour, aux douches, il a voulu me violer. Depuis qu'il m'avait dit que je le troublais, j'avais toujours ma fourchette sur moi. Dans les douches, je l'ai menacé quand il a commencé à me tripoter. Il s'est énervé. Je l'ai piqué. Il a hurlé.

Les surveillants sont intervenus. Ils m'ont trouvé avec la fourchette et l'autre a gueulé que je voulais l'estropier. J'ai eu droit à quinze jours de mitard. Sans la visite de l'aumônier, j'aurais complètement craqué. C'est grâce à son intervention que les changements ont eu lieu. J'ai appris depuis que le blond avait braqué trois banques. Il se fiche de tout et joue au caïd. Christophe, le brun, m'a raconté sa galère. Il a 28 ans. Il a toujours été au chômage, ça l'énerve et, de temps en temps, il casse des bagnoles la nuit dans la rue, pour se défouler. C'est la troisième fois qu'il vient ici...

... Il m'a fallu deux jours avant que je lise la lettre de mon père. J'ai pleuré et j'ai bien vu que lui aussi avait pleuré en me l'écrivant car il y avait des taches en plusieurs endroits. Il m'engueule un peu, c'est normal. Mais j'ai senti qu'il m'aimait et ça, c'est plus formidable que tout. Je vais lui répondre, je sais pas quoi lui dire, mais il faut que je lui écrive. Il m'a envoyé un mandat. Je vais enfin pouvoir cantiner du tabac et de la Ricoré. Depuis mon arrivée, c'est Christophe qui me donne un peu de tout. Il y a une semaine, un nouveau est arrivé dans la cellule. C'est lui qui couche par terre. Il est de petite taille, bien habillé, bien élevé. Il doit être cadre dans une entreprise. Pourquoi est-il là ? Il ne veut rien dire et j'ai essayé, en repensant à mon arrivée, d'être aimable avec lui. Je m'aperçois que c'est de plus en plus dur d'être normal avec les autres. Le blond, lui, avait été aussitôt remplacé par un gars de mon âge : un soir qu'il avait fait la fête, il a eu un accident de voiture. Il avait 1,60 gramme d'alcool dans le sang et il y a eu un mort...

... Hier j'ai revu pour la première fois le juge d'instruction. Il y avait juste quatre mois que j'avais été arrêté. Il m'a signifié la prolongation de mon incarcération pour quatre mois encore. Il s'est lancé dans un grand baratin et j'en ai conclu que, finalement, je devais être un criminel et qu'il fallait protéger la population de ma personne. Un avocat commis d'office m'assistait. C'était la première fois que je le voyais et il n'a pas dit un mot. En sortant du bureau, les flics m'avaient déjà menotté, il m'a seulement dit qu'il allait poser une demande de liberté provisoire. Il a ajouté que tant que je ne serais pas condamné j'étais, selon la Constitution, présumé innocent. Mais alors qu'est-ce que je fais ici? Présumé innocent, qu'est-ce que cela veut dire? Et qu'es-tu donc devenue, toi, mon innocence, celle des années heureuses? Comment serai-je lorsque je sortirai? Je suis sûr que jamais, au grand jamais, un juge d'instruction n'a passé ne serait-ce qu'une nuit dans une cellule de prison. J'en suis sûr parce qu'il ne pourrait pas agir comme il fait... Toutes les nuits, je fais des cauchemars quand j'arrive à m'endormir. Je refuse farouchement tous les antidépresseurs qu'on me propose à l'infirmerie. Et puis il y a ces bruits de clés, de grilles qui tapent et qui résonnent dans les couloirs, ces cris qui déchirent le silence quand un mec disjoncte. J'ai peur de déraper moi aussi. Je ne supporte plus la prison...

Mais je suis présumé innocent et je suis un « usager du service public de la justice »!

8
Les victimes, toutes les victimes...

Un haut magistrat, maintenant à la retraite, m'a souvent mis en garde contre un apitoiement trop sensible envers les prévenus incarcérés, me rappelant toujours le souvenir de leurs victimes. Mais, à force de ne pas traiter d'une manière simplement humaine les détenus, ne les rabaisse-t-on pas, eux aussi, au rang de victimes. Victimes d'un système judiciaire obsolète, victimes d'incarcérations trop souvent abusives et dans des conditions qui ne sont pas à l'honneur d'un pays soi-disant civilisé comme le nôtre.

Bien souvent j'ai été pris entre le marteau et l'enclume, entre les victimes d'un crime, d'un viol ou d'un vol et les détenus que je côtoyais. Il est difficile de faire la part des choses. Ce n'est que par la prière que j'ai pu trouver cet équilibre délicat me permettant de soutenir les uns et d'essayer d'amener les autres à cette conversion du cœur qui leur permettrait de réaliser la gravité de leurs actes.

Si chacun prenait conscience de la cascade impitoyable d'événements qui surviennent après un acte délictueux, peut-être un débat serein pourrait-il s'engager sur les responsabilités des uns et des autres. Bien sûr, il est facile de théoriser sur les conditions et les faits qui ont poussé tel homme à commettre tel acte. Le siècle des Lumières continue à inspirer nos contemporains pour « conscientiser » leur humanisme. Si celui-ci est dicté par un idéal généreux, il n'en reste pas moins porteur de lacunes graves et en particulier de cet état de bonne conscience qui relève plus d'une forme d'égoïsme fondamental que d'une générosité profonde. Il est facile de reprendre le thème du bon sauvage cher à Rousseau : « L'homme naît bon, c'est la société qui le corrompt. » Le coupable est ainsi trouvé, mais nous sommes donc tous responsables de la corruption ambiante.

À partir de là, il est aisé de pleurer sur les victimes d'un drame tout en sachant que l'auteur des faits est sous les verrous, qu'il va y avoir un procès et que « justice sera faite ».

J'ai toujours été frappé de voir combien les hommes en prison aimaient lire les hebdomadaires et autres journaux où sont rapportés tous les faits abominables qui ensanglantent le pays. Pourquoi se délecter de ces lectures ? Est-ce pour y trouver une justification à ses propres actes ? De même ces calculs sordides après les assises : « Il a pris tant, c'est plus ou moins grave que ce que moi j'ai commis, donc je dois prendre tant ». Quand prendra-t-on conscience que chaque cour d'assises est différente car composée d'un jury différent, tout en sachant implicitement le rôle prépondérant et l'influence du président et donc celui de sa personnalité dans la délibération? On parle alors souvent de tribunal populaire. Je me suis toujours interrogé sur cette forme de parodie de la justice. C'est en tremblant que j'emploie le mot « parodie », sachant que je vais m'attirer les foudres de la magistrature et des « bien-pensants » politiques. Je ne peux cependant taire toutes les réflexions que m'ont inspirées les événements que j'ai été amené à côtoyer sinon à vivre de l'intérieur en tant que confident de toutes les parties.

Comment en effet peut-on condamner une personne après un marathon oratoire de vingt-quatre ou quarante-huit heures? Comment des jurés tirés au sort, venant de toutes les classes de la société et de toute formation intellectuelle et professionnelle, peuvent-ils connaître, au sens plénier de ce terme, un homme assis dans un box en face d'eux? La lecture de l'acte d'accusation doit, normalement, les éclairer sur les faits. Il y a les questions du président. Le procureur général prononce son réquisitoire. Il y a les plaidoiries des parties civiles et de la défense. Enfin arrive ce mystérieux huis clos qui peut durer de longues heures, où les jurés sont enfermés avec le président et ne sortiront que lorsque la condamnation aura été prononcée. J'évoquais plus haut Jean-Jacques Rousseau, mais les assises ne relèvent-elles pas plutôt de l'univers de Kafka? En dehors des magistrats et avocats qui ont eu accès durant des mois aux dossiers, les jurés sont propulsés dans un univers étrange dont ils n'entendent souvent pas (quand ce n'est pas du tout) la langue, mélange de termes techniques archaïques et de vieux français. Mais ils vont rendre la justice « au nom du peuple français ».

Leur jugement est sans appel.

Mes réflexions relèvent-elles de la provocation ou du simple bon sens? Peut-être ne suis-je qu'un iconoclaste prétentieux? Mais combien de fois, en écoutant les confidences d'un détenu, ne me suis-je pas glissé en lui pour voir ce que j'aurais moi-même fait en de telles circonstances, avec ma propre éducation, plongé dans ce milieu dans lequel, lui, avait été élevé. Mystérieux arcanes de l'esprit humain... Mes conclusions ne furent jamais à mon honneur et ce fut pour moi une rude école d'humilité.

Il faut beaucoup d'humilité pour juger son semblable...

Je n'en disconviens pas : à partir du moment où des êtres humains vivent ensemble, il est nécessaire d'élaborer des lois et de les faire respecter.

J'ai, plus haut, parlé de l'« intime conviction » qui prend souvent la place des preuves que l'on attend pour étayer une condamnation. La lecture de la presse quotidienne conforte d'une manière subtile nos convictions les plus intimes et c'est tout naturellement qu'au bout d'un certain laps de temps nous devenons pleinement convaincus de la culpabilité du coupable.

Quelques mois après sa libération pour des petits délits, je vis revenir un jeune homme pour tentative d'assassinat. Il avait grande confiance en moi et me raconta les faits tels que lui les avait vécus. Je ne le crus pas une seconde mais ne le lui dis jamais. Pendant six mois, à chacune de nos rencontres, car il venait me voir chaque semaine, j'essayais de lui faire dire ce qui n'était, en fait, que « ma » vérité, pensant que le jour où il me confierait vraiment son secret il serait soulagé. Nous parlions très librement ensemble car une confiance mutuelle, née d'une longue fréquentation, nous liait. Au bout de six mois, la personne qui l'accusait et l'avait fait jeter en prison (il risquait les assises) revint sur sa déposition, avouant ses mensonges. L'homme fut libéré immédiatement... et ce fut pour moi une immense gifle.

« Intime conviction » : en ton nom combien d'innocents croupissent en prison.

Parmi les victimes innocentes de la prison, je pense particulièrement aux familles de détenus, parents, et surtout épouses et enfants [1]. Ils paient encore plus cher la faute de celui qui est en prison. Ils sont rejetés par la société. Rumeurs et médisances courent sur eux quand ce n'est pas tout simplement la calomnie. La langue, ce petit « organe » dont parle si justement saint Jacques au chapitre 3 de son « Épître » (il en a apparemment beaucoup souffert!) et qui nous sert à apprécier les aliments, peut devenir pire que le tranchant de la guillotine. Du jour au lendemain, toutes les ressources disparaissent et des sursauts de fierté empêchent bien souvent de tendre tout

---
1. *Cf.* Annexe 2, Lettre du père d'un détenu.

de suite la main surtout quand le jugement spontané du voisinage n'a rien de miséricordieux. Les noms jetés en pâture par les journaux salissent les membres d'une famille et provoquent des déchirures irréparables.

Je suis dans l'admiration de ces familles, toujours humbles et modestes, qui se pressent au parloir. Une demi-heure, trois fois par semaine, l'après-midi, dans une salle minuscule. Tendresse des mots échangés dans un brouhaha où les cris des enfants en bas âge s'ajoutent aux bruits de fond de la prison. Pleurs dignement assumés devant les autres car c'est toujours un bonheur pour deux êtres qui s'aiment que de se retrouver, surtout dans de telles circonstances. Demi-heures passées sans presque une parole, à se dévorer des yeux, qui pour essayer de comprendre, qui pour regretter... Et puis la déchirure de la séparation alors qu'on n'a pas eu le temps de dire tout ce qu'on avait inscrit sur un papier afin de ne rien oublier.

Et c'est aussi ce courrier énorme qui part et qui vient, courrier plein de poèmes d'amour, maladroits comme un premier baiser, recopiés sur des anthologies mais qui deviennent à partir de cet instant œuvres personnelles. Dessins destinés aux enfants, tout aussi maladroits et tout autant recopiés sur des magazines. Lettres de désespoir devant un avenir sans issue apparente. Lettres qui sont le reflet de cette misère humaine et qui sont, celles-là, porteuses de tout un humanisme. Lettres pétries de toute cette humanité qui fait le monde depuis sa création.

Il y eut ces rencontres avec les familles. Tout au long de ces années, je me suis efforcé, dans la mesure du possible, de renouer les liens familiaux. Que d'heures passées le soir au téléphone pour convaincre des parents d'écrire à leur enfant ou pour dire à une épouse, une concubine, une amie que l'homme, derrière les barreaux, avait besoin d'affection. Comment convaincre l'extérieur que ces hommes ont un cœur qui a besoin d'aimer et d'être aimé, tout simplement, sans leçons de morale ? Je me suis aperçu qu'à partir du moment où l'affectivité du détenu redevenait normale, sa sortie de prison avait quelques chances de réussir.

De nombreux détenus désirent régulariser par les liens du mariage une situation amoureuse vécue librement avant l'incarcération. Pourquoi cette demande, sinon pour s'assurer de la fidélité du partenaire ? Attitude égoïste ? L'homme en prison est obligé de mener la vie du moine, mais il n'a pas fait vœu de chasteté. Le moine, lui, s'est engagé par un choix délibéré et longuement mûri. Nous sommes alors à la limite extrême de ce que le législateur peut imposer et jusqu'où il peut aller dans la fracture qu'il provoque en mettant un homme en prison. Le garde des Sceaux a bien lancé l'idée de la création « d'unités de vie familiale » en prison où, durant quelques heures, les couples pourraient retrouver une intimité amoureuse. Mais cela est-il seulement possible en maison d'arrêt avec toutes les contraintes de sécurité exigées par l'instruction ? Sans compter le rôle plus qu'ambigu qui serait alors tenu par le personnel pénitentiaire...

Je me suis rapidement aperçu que les neuf dixièmes des mariages civils célébrés en prison [2] se terminaient par un divorce dans les semaines qui suivaient la libération du détenu. Je les ai toujours déconseillés. La prison agit sur le mental du détenu comme une forme de castration et il lui faut un certain temps après sa libération pour retrouver une normalité dans ses relations amoureuses. Il y a une telle frustration exacerbée par les images d'une télévision qui le provoque en permanence que, d'acteur de l'acte amoureux avant sa détention, le prisonnier devient un voyeur totalement esclave de ses fantasmes. Une fois libéré, il a tellement rêvé que la réalité se transforme en catastrophe. Mais que faire…? Au-delà du plaisir sexuel qui est ainsi interdit, apparaît aussi une forme d'obstruction à l'existence puisqu'on supprime l'acte de procréation. Cela peut devenir très grave. L'homme en prison a besoin de palper la vie, de s'assurer qu'il est vivant. L'enfant lui est alors une résurrection. Que de souvenirs de visites dans les maternités aux jeunes mamans, tous les bouquets envoyés et, ensuite, le sourire et le bonheur du père lorsque je lui racontais tout et lui parlais de son enfant…

Aimer, être aimé, se savoir aimé. À travers ces quelques mots, c'est peut-être tout le secret de l'humanité qui se dévoile. Mystère des méandres du cœur : « Parce que c'était lui, parce que c'était moi » dira si joliment Montaigne en parlant de

---

2. Sauf cas très particuliers et extrêmement rares, aucun mariage religieux ne peut être célébré en prison.

son ami Étienne de La Boétie. C'est en prison, dans le secret de mon bureau, que j'ai écrit mes plus belles lettres d'amour. Lettres d'amour à des femmes que je ne connaissais pas mais pour lesquelles j'ai déclaré une flamme capable d'embraser le cœur le plus endurci ! Intimité de ces cœurs qu'il m'a été donné de rencontrer. Combien de fois n'ai-je pas dû expliquer à un détenu les secrets du langage amoureux avant des parloirs qui s'annonçaient difficiles ! Et quelle récompense merveilleuse de voir un homme venir vous remercier parce que « ça a marché »...

L'humain est une pâte qui demande à être pétrie, non par des ukases, des dogmes et des lois, mais par cette compréhension infinie, longue et difficile qui est la compassion, l'amour et le respect de l'autre.

9
La messe en prison

Mon tout premier contact avec l'univers carcéral eut lieu un dimanche matin du mois de juin 1977. Au pied levé, il me fallut remplacer mon prédécesseur pour la célébration de la messe. Je garde un souvenir quelque peu surréaliste de cet événement. Bien sûr, dans les jours précédents, j'avais relu avec attention les chapitres de *Résurrection* où Tolstoï raconte la messe dominicale dans le centre de détention où Maslova et Fédosia sont enfermées. Mais il me fallait quitter le romanesque pour me plonger dans le réel.

Après une nuit agitée, je me présente à 8 heures le matin à la porte de la prison. Mon devancier, digne chanoine de près de 80 ans qui assure la fonction d'aumônier depuis douze ans, m'a téléphoné pour me donner quelques consignes : il faut que j'apporte mon aube, une grande hostie et une petite fiole de vin blanc. Que je ne m'inquiète pas, je trouverai tout ce dont j'ai besoin sur place. Et c'est tout. C'est la première fois de ma vie que je pénètre dans une prison, ce monde hostile que je vais découvrir.

Après la vérification d'identité, je pénètre, il faut bien le reconnaître, avec une certaine curiosité en détention. Dès mon entrée, je suis agressé par cette odeur de cuisine rancie et de crasse. Un surveillant m'accompagne à la chapelle; je n'ai pas encore droit aux clés. Pour y accéder, il faut traverser la cour de promenade. Ainsi que je l'ai déjà noté, celle-ci est de terre battue. Les portes des cellules-cachots (celles-là mêmes qui seront supprimées en 1980, mais qui sont en usage depuis 1797, depuis la Révolution) sont ouvertes et des hommes assurent la corvée des tinettes. Avant de monter les marches qui me permettent d'accéder à la chapelle, je passe devant la porte ouverte du dortoir qui est installé juste au-dessous. J'ai un haut-le-cœur en recevant une bouffée d'odeur qui relève plus du zoo que d'une prairie au printemps.

On m'ouvre la chapelle. C'est le choc. En face de moi une grande grille me permet d'accéder au chœur. Celui-ci est en rotonde. Il est séparé de l'endroit où doivent se tenir les « paroissiens » par un muret d'un mètre de hauteur surmonté d'énormes barreaux qui forment grille. C'est pire que la clôture du plus intégriste monastère de moniales. Deux marches, dans le fond, permettent d'atteindre l'autel massif en marbre noir et rose. C'est l'ancien maître-autel de la chapelle du couvent. Il a été récupéré en 1800. Lorsque j'officie derrière, je ne peux pratiquement voir aucun des assistants. Toute la rotonde est divisée par des

cloisons afin de pouvoir séparer les détenus des différents quartiers. C'est d'ailleurs le seul endroit de la prison (je m'en apercevrai plus tard) où l'on sépare les « genres ». Lorsque je veux entrer dans la petite sacristie attenante, je ne peux pousser la porte, elle résiste, comme bloquée par des cartons. Lorsque je réussis à forcer le passage, je m'aperçois que ce sont des ornements, des aubes et du linge qui sont par terre et qui font obstruction. Mon prédécesseur m'a bien prévenu :
« Je n'ai jamais pu entrer dans la sacristie, la porte est bloquée. »
Deux rats profitent de mon intrusion pour filer entre mes jambes. Dire que je suis fier et que j'ai l'impression d'être le sauveur du monde carcéral me paraît être d'une très grande exagération. En fait, je n'en mène pas large.

Le surveillant me prévient que les détenus vont arriver et il m'enferme dans l'espace où se trouve l'autel. Je suis de plus en plus mal à l'aise. Ce matin-là, les « fidèles » seront nombreux, une bonne quarantaine, le bouche-à-oreille (« radio-coursive ») ayant annoncé l'arrivée d'un nouveau « curé ». J'ai enfilé ma coule monastique qui me donne alors l'impression d'une armure. Les hommes des premiers rangs ont saisi à pleines mains les barreaux de fer et j'ai brusquement la pensée d'être, moi, la bête fauve qu'on exhibe : je me demanderai toujours pourquoi jamais on ne m'a lancé de cacahuètes !

Je me présente et ne sachant trop quoi dire, je raconte ma vie, mes années au monastère, ma maladie, l'hôpital. Je sens que le courant passe. Je lis un passage d'Évangile et nous le commentons ensemble. Ils n'ont pas l'habitude de parler de ces choses-là entre eux, mais il y en a toujours un qui m'interpelle soit pour faire rire les autres, soit parce qu'il a des questions. Je m'aperçois alors que leur catéchisme est très loin, pour ne pas dire inexistant, et durant vingt ans, je profiterai de ces célébrations dominicales pour ne faire que de la catéchèse.

Ils sont debout derrière leurs barreaux. Lorsqu'on restaurera la chapelle, dans les années 85, je serai obligé de financer moi-même des bancs, l'administration pénitentiaire ayant toujours refusé cet investissement.

Nombreux sont ceux qui, cependant, s'ennuient ferme et rapidement une sélection naturelle s'opérera, ce qui permettra par la suite de mieux se connaître et d'aborder plus facilement les questions qui intéressent les plus assidus. À la fin de la célébration, quelques-uns demandent à me rencontrer et je les verrai dans la semaine.

À la sortie, le surveillant principal qui est de service ce dimanche s'enquiert de mes impressions. Elles ne sont pas bonnes et je ne sais si je vais répondre positivement à la demande de l'évêque pour accepter l'aumônerie de cet établissement. Après la messe, j'ai tout de même réussi à pénétrer dans la sacristie et j'ai été horrifié. Des dizaines d'ornements liturgiques sont en boule sur le sol. Ils sont devenus des nids à rats. Tous les objets du culte sont cassés ou tordus. Plus tard, lorsque je serai titularisé, je ferai un jour le grand nettoyage de cette pièce et en retirerai neuf grands sacs poubelles de cent litres qu'il faudra brûler.

Au fil des dimanches, de leurs célébrations et des rencontres personnelles avec les détenus, qu'ils soient prévenus ou condamnés, je me déciderai à accepter cette charge. Un événement qui se produit quelques semaines après cette première messe sera sans doute déterminant dans ma décision.

Au beau milieu de la célébration eucharistique, après la consécration, un détenu, plutôt petit, blond, portant 24 ou 25 ans, bras et mains recouverts de tatouages, l'air dégourdi et dont j'ai remarqué la présence chaque dimanche, m'interpelle à très haute voix :

« Eh! dis donc, curé, hier soir tu as dû aller faire "zig-zig" avec les putes à la gare. C'était bon? Tu devrais plutôt nous raconter ça que tes bondieuseries! »

Je n'aurais pas été plus déstabilisé si le ciel m'était tombé sur la tête. C'est sans doute ce jour-là que j'ai le mieux réalisé la vitesse prodigieuse de réflexion de l'esprit humain. Plusieurs solutions se sont présentées en quelques dixièmes de seconde. Je pouvais faire celui qui n'a rien entendu. Mais devant les rires gras qui éclatèrent instantanément, je perdais alors complètement la face. La solution la plus simple aurait été d'employer cette merveilleuse langue de bois ecclésiastique et d'élever le débat à un haut niveau de spiritualité et en des termes techniques qui m'auraient assuré une impunité de bon ton. Je pris brusquement la décision d'être vrai et de parler de ma sexualité telle que je l'entendais, de mon vœu monastique, des difficultés inhérentes à une fidélité choisie en toute liberté et que j'essayais d'assumer de mon mieux. Un silence étourdissant remplit soudain la petite chapelle et, durant plus d'un quart d'heure, je parlais de ma vie de moine et de cette recherche parfois lancinante de Dieu. À partir de ce moment-là, j'ai toujours été respecté à l'intérieur de la prison. Cet événement fut pour moi une véritable libération intérieure et, depuis, j'ai toujours adopté le parti-pris du « parler vrai » avec les détenus.

Une grande amitié s'est vite instaurée entre celui qui m'avait interpellé et moi-même. Il est mort il y a quelques années. Il s'est suicidé après de nombreuses tentatives qui, en fait, n'étaient que de déchirants appels au secours qu'il me criait. J'étais absent lors du dernier...

Je ne sais si j'ai apporté quelque chose aux détenus durant toutes ces années. Je peux assurer qu'eux m'ont fait découvrir des trésors incroyables et d'abord, le plus grand, ils m'ont révélé à moi-même, à travers leur amitié, à travers leurs peines, leurs joies et tous ces petits riens qui, si l'on y fait attention, sont capables de révolutionner le monde.

Bien sûr, au début de ce ministère très spécial et devant des urgences inouïes – les cellules-cachots de la cour, l'absence totale de service social, etc. – j'ai été tenté de me transformer en travailleur social. De plus, j'avais alors l'impression de faire quelque chose et c'était valorisant. Je me suis aperçu au bout de peu d'années que ces hommes attendaient tout autre chose de moi, même s'ils ne négligeaient pas pour autant tous les services que je pouvais leur rendre.

Ils voulaient que je sois surtout l'homme de Dieu, l'homme du surnaturel, celui qu'on pouvait aller voir sans crainte d'indiscrétion et auquel on pouvait tout dire. Mon rôle était surtout celui d'une personne qui ne compte pas son temps et qui sait toujours trouver un moment pour écouter. L'écoute est à notre époque ce qui manque le plus car il ne suffit pas de prendre le temps de recevoir quelqu'un en pensant à tout autre chose, mais il faut aussi savoir faire en soi le vide intérieur pour que cette écoute ne soit pas une apparence mais une réalité. Il faut savoir se glisser dans la peau de l'interlocuteur non pas pour lui répondre ce qui lui fait plaisir ni pour tomber dans ce travers épouvantable du voyeurisme teinté de charité qui est la pire des hypocrisies. Il y a peu de distance entre la compassion sincère et les apparences. Molière et son *Tartuffe* sont d'une prodigieuse actualité...

Je me suis très rapidement fixé une règle : « Tu ne vas pas convertir les détenus ; la conversion du cœur, c'est le travail de Dieu. Tu n'as qu'une chose à faire : te convertir toi-même, car c'est par l'image que tu donneras de ta vie que Dieu, peut-être, parlera aux détenus. »

C'est en prison que j'ai redécouvert l'Évangile, la parole de Dieu. Elle est devenue alors pour moi « vivante, énergique et plus coupante qu'une épée à deux tranchants ; (c'est) elle (qui) pénètre au plus profond de l'âme, jusqu'aux jointures et jusqu'aux moelles; (c'est) elle (qui) juge des intentions et des pensées du cœur. [...] Tout est nu devant elle, dominé par son regard [1]. »

Je n'ai jamais eu l'âme d'un militant pur et dur, fanatique d'un dogme qui devient vite la source du pire des racismes intellectuels. C'est, certainement et avant tout, une question d'éducation. J'essaie d'accepter les événements au jour le jour et surtout de comprendre l'autre : on a toujours quelque chose à apprendre que l'autre possède si on sait l'écouter. Ce qui ne m'empêche pas d'avoir ma propre personnalité ni de savoir ce que je veux. Bien souvent on me reprochera mon individualisme et il est vrai que j'ai du mal à me couler dans le système d'une pensée unique qui peut déraper et friser alors l'intolérance. Peut-être est-ce là l'une des contradictions de la vie monastique. Le moine vit en communauté, mais il est un solitaire et ne peut se réaliser pleinement que dans l'acceptation de cette solitude. Dieu parle dans le silence et nous avons tous peur du silence. C'est sans doute cette antinomie qui me permettra de vivre au milieu des détenus et de mieux comprendre les problèmes humains que la promiscuité de la vie commune engendre.

Maintenant, et selon mon désir profond, je voudrais intérioriser ce trésor que représentent ces années passées au milieu des prisonniers, non pas d'une manière égoïste, mais pour pouvoir mieux appréhender le temps qui me reste à passer sur cette terre. Je crois beaucoup à la valeur

---

1. Lettre aux Hébreux, 4, 12-13.

du silence et encore plus à la force de la prière. J'aimerais que la mienne ait la force de déplacer des montagnes et d'ouvrir le cœur des hommes à cet amour de Dieu qui est l'unique base possible de la tolérance mutuelle.

N'est-ce pas là tout le paradoxe et le mystère de la vie monastique?

10
Été 1992, les assassinats

L'été 1992 restera dans ma mémoire une époque marquante. Au mois d'août, lors d'une évasion manquée, un surveillant de la maison d'arrêt de Rouen est assassiné par les auteurs de l'évasion. Dans les prisons et surtout dans le milieu des surveillants, l'émotion est intense. Quelques semaines plus tard, une autre tentative d'évasion, cette fois à la centrale de Clairvaux, entraîne de nouveau l'assassinat d'un surveillant. L'émotion est, cette fois, à son comble.

Déjà, dans l'ordinaire des jours, les surveillants sont très marqués par l'ostracisme qui entoure leur métier. Le citoyen veut que le truand soit mis en prison car il tient à sa sécurité. Mais il ne comprend pas qu'on puisse exercer le métier de « gardien » ou de « maton ». Le surveillant, et par là sa famille, souffre de ce rejet qui parfois fait de lui comme un paria de la société. Durant toutes les années de mon ministère à la prison du Mans, j'ai essayé d'être très proche des surveillants. Je me sentais autant leur aumônier que celui des détenus et de bonnes et longues amitiés sont nées de tous ces contacts.

En cet été 1992, j'ai vraiment ressenti leur angoisse et surtout le mépris et la légèreté avec lesquels le ministère de la Justice et ses hauts fonctionnaires ont traité ces deux assassinats. Les surveillants, écœurés de tant de morgue, ont déposé les clés dans de nombreux établissements et n'ont plus assuré leur service. Sur ordre du ministère et avant même d'entamer des négociations qui auraient vite abouti, les surveillants ayant une très vive conscience du geste qu'ils posaient, des compagnies de CRS et la police nationale les ont remplacés immédiatement dans leur fonction. Spectacle étrange de voir des policiers en tenue surveillant les promenades. Au Mans, quelques gradés ont accompli alors en détention des journées de plus de vingt heures pour éviter que les détenus ne puissent être en contact avec les « condés ». Il n'y eut aucune modification dans le déroulement de la vie quotidienne, mais on palpait une tension grandissante dans la détention où le moindre événement prenait des proportions qui auraient pu faire basculer dans l'émeute une population pénale déjà exacerbée par l'enfermement. Chaque jour, en compagnie d'un gradé, je suis passé dans chaque cellule pour rassurer et tenter d'expliquer le mouvement des surveillants. C'est la seule fois de ma vie où, un matin, un détenu excédé et tendu à l'extrême m'a craché au visage. Bien sûr, je ne l'ai pas ressenti comme une injure personnelle, mais j'ai alors compris combien nous étions près de la révolte.

En accord avec le père Bernard Martin, prêtre avec lequel j'ai toujours fait équipe d'aumônerie, nous avons décidé de célébrer, dans la chapelle de la Visitation au-dessus de la prison et qui est ouverte au public, une messe à la mémoire des deux surveillants assassinés. Le 17 septembre, les surveillants en uniforme, le bras gauche ceint d'un ruban noir, remontaient la rue Gambetta avant d'entrer dans la chapelle où nous les accueillions, Bernard Martin et moi-même. Dans le sanctuaire avaient pris place le président du conseil général de la Sarthe, M. François Fillon, entouré de nombreux conseillers généraux, ainsi que le procureur de la République, M. Yves Bot, accompagné d'un substitut, du premier juge d'instruction et du juge de l'application des peines. À leurs côtés, se tenait le procureur général honoraire de la cour d'appel d'Angers qui avait tenu à manifester sa sympathie aux surveillants du Mans. Dans la chapelle, de nombreuses familles de surveillants, et, tout au fond, des policiers et des inspecteurs des Renseignements généraux. Cérémonie religieuse sous haute surveillance républicaine…

Dans la demi-heure précédant cet office, j'avais adressé le texte complet de l'homélie que j'allais prononcer au ministre de la Justice, M. Michel Vauzelle. Le mettant directement en cause, je tenais à ce que tout soit très clair.

Après la lecture de l'Évangile, je commençai mon homélie. Dois-je avouer que, durant les premières minutes, je fus heureux de porter aube et chasuble tellement je tremblais. Tiendrais-je jusqu'au bout ?

Messieurs les Surveillants,
Permettez-moi de vous appeler « mes amis » : nous nous connaissons depuis longtemps ; ensemble nous avons partagé des joies et des peines. Aujourd'hui, nous partageons un immense chagrin : deux de vos collègues ont été assassinés dans l'exercice de leurs fonctions. Bêtement. Deux vies gâchées, deux familles éplorées. Du plus profond de nos entrailles, une sourde colère vient remuer ce que nous avons en nous de plus sacré, la vie.

Tous, aujourd'hui, présents dans cette chapelle, juste au-dessus de la prison du Mans, nous ne partageons pas la même foi chrétienne, et pourtant, nous nous retrouvons tous unis dans le recueillement.

À dessein, le père Martin et moi-même avons choisi les deux textes que vous venez d'entendre : le récit de ce qui aurait pu être une évasion tragique, le gardien de saint Paul emprisonné craignant les réactions de ses supérieurs, voulant se suicider, et Paul, prisonnier modèle, le rassurant du milieu des ténèbres. Souvent, certains d'entre vous m'ont entendu commenter ce texte aux détenus et leur rappeler le respect dû à toute vie humaine. Dans l'Évangile, nous voyons Jésus pleurer avec la veuve de Naïm son fils unique disparu, comme nous aussi nous pleurons deux frères.

Aujourd'hui, il m'est impossible de faire de l'angélisme, d'employer une « langue de bois » qui n'est que le visage de la plus horrible des hypocrisies.

La prison ? Elle existe, elle a toujours existé et je suis prêt à parier qu'elle existera encore longtemps. Si la prison existe, c'est qu'il y a des hommes, les détenus, qui ont commis des fautes. Nous vivons en société, un certain ordre est nécessaire. D'autres hommes ont le difficile emploi d'assurer l'ordre : à l'extérieur, la police et la gendarmerie, à l'intérieur, les surveillants de prison. Si, plutôt que de focaliser les regards sur quelques « bavures » qui existent absolument partout, nous essayions de voir tout le travail positif accompli par ces hommes, ce serait un grand pas.

Jean-Paul Sartre a défini l'homme « comme une liberté irréductible qui s'invente sans cesse » et il ajoute : « L'homme naît libre, responsable et sans excuses. » La liberté sartrienne n'a ni source ni but : « Je suis seul et libre, mais cette liberté ressemble un peu à la mort. » De fait, une liberté laissée à elle-même, si elle peut être capable d'élans généreux et désintéressés, risque fort de sombrer dans les bas-fonds de l'être. Dans l'usage de cette liberté, l'homme découvre sa contingence, sa finitude, son néant, sa misère.

Cette philosophie sartrienne de l'homme, appliquée depuis des années dans notre pays à l'espace carcéral, a été adoucie par une vision rousseauiste de l'homme. Jean-Jacques Rousseau, au siècle dit « des Lumières », parlera, lui, dans un style incantatoire du « bon sauvage ».

Il est absolument hors de mon propos de refaire les prisons : ce n'est pas mon rôle, ni le lieu, ni les circonstances. Tous, au Mans, savent que je suis autant ami des détenus que des surveillants et que je prends aussi bien la défense des uns que des autres : combien de magistrats m'ont vu défiler dans leur bureau pour expliquer un cas; combien de familles de détenus, le père Martin et moi-même n'avons-nous pas rencontrées pour essayer de rétablir des liens familiaux; combien de surveillants n'ont-ils pas donné de leur temps pour écouter un détenu dans le désespoir?

Mais aujourd'hui : deux surveillants assassinés bêtement.

Oui, mes amis, vous revendiquez le droit à la reconnaissance de la part des hommes politiques et de la population. Oui, c'est votre devoir de revendiquer que votre place soit reconnue au milieu de la nation, au milieu de la population que vous servez.

Oui, il est nécessaire que la prison ne soit plus considérée comme la bonne conscience d'une société égoïste qui a peur. Les Droits de l'homme ne sont pas l'apanage de certaines catégories, mais ils existent pour tous les hommes. Les surveillants de prison méritent autant d'égards que les détenus.

Monsieur le ministre de la Justice, me permettez-vous, avec tout le respect que je dois à votre fonction, me permettez-vous de vous dire que dans une prison, il n'y a que des hommes, qu'ils soient détenus ou surveillants; ni les uns ni les autres ne sont des machines-outils dont on peut disposer selon son bon plaisir. Si vous respectez les uns, il vous faut respecter les autres. Monsieur le ministre de la Justice, ne jouez pas avec le feu. Il n'y a rien de plus terrible et de plus imprévisible que le désespoir, que le découragement. Votre chantage aux sanctions est indigne d'une nation civilisée.

Je vous ai parlé des conceptions sartrienne et rousseauiste de l'homme, et c'est à partir de là et de cet absurde que je me suis permis de laisser éclater ma colère.

Il est une autre conception de l'homme, celle que je défends, celle de Dieu, celle de Jésus, où tout homme a droit au respect dû à chaque enfant de Dieu, car tous nous reflétons une parcelle de l'image de Dieu. Et cette conception est constructive, et cette conception, tout à l'opposé du négativisme sartrien, se veut une rédemption. Oui, il faut savoir assumer ses torts pour mieux construire une humanité fraternelle.

Mes amis, vous, mieux que quiconque, connaissez le message que tous les dimanches, inlassablement depuis plus de quinze ans, le père Martin et moi-même essayons de faire passer à nos amis les détenus. Vous, mieux que quiconque, savez tout ce que nous faisons et combien de fois ne nous avez-vous dit : « Croyez-vous que cela serve à quelque chose ? » et toujours, nous vous avons répondu : « L'avenir appartient à Dieu. » Nous essayons de partager un trésor, celui de l'Amour de Dieu, ce trésor, porte des horizons infinis où l'humanité, réconciliée avec elle-même, sera l'image de la Jérusalem céleste.

Que cette prière collective à la mémoire de vos deux collègues nous soit l'occasion de nous dépasser pour oublier tous les ressentiments personnels qui nous divisent les uns et les autres, pour aller toujours plus avant dans la construction de cette humanité nouvelle qu'est le Royaume de Dieu.

Croyants, non croyants, durant cette messe, nous laisserons dans un silence paisible monter notre prière, nos aspirations les plus profondes. Il y a déjà de nombreuses années, s'exprimant à la tribune de l'ONU, le pape Paul Vl s'écriait :

« Plus jamais la guerre ».

Je voudrais aujourd'hui crier à la face de la terre :

« Plus jamais de haine, plus jamais de violence. »

La réaction ne se fit pas attendre : dès le début de l'après-midi j'étais convoqué chez le préfet qui me fit savoir tout le mécontentement du ministre. Puis, la conversation devint plus détendue. Je lui dis combien je redoutais une mutinerie des détenus si les affaires ne s'arrangeaient pas.

Une sueur froide me coula alors dans le dos lorsque j'entendis cette phrase :

« Au moindre signe de révolte, je donne l'ordre de tirer dans le tas. »

Je rapportais immédiatement ces propos au procureur de la République. Grâce à Dieu, il ne se passa rien. Le lendemain, les négociations commençaient et un calme apparent revint. Mais les séquelles furent longues à s'estomper chez les uns comme chez les autres.

J'ai une profonde admiration pour le corps des surveillants de prison. Ces hommes exercent une fonction ingrate avec courage et dévouement.

Ils mériteraient une plus grande reconnaissance de la part du public. Ils y ont droit.

11
Une fleur au « carrefour de toutes les dégradations humaines »

Sans cesse je parle de l'homme. Il est vraiment au centre de mon propos. Le détenu, bien qu'en prison, est et reste un homme et aucune théorie ne pourra aller à l'encontre de ce postulat. Peut-être souhaiterions-nous quelquefois, en notre for intérieur, que telle personne disparaisse et en être ainsi débarrassé à tout jamais. « Qu'il aille au diable ! » Cette expression nous échappe lorsque nous sommes excédés par les agissements de tel ou tel.

Mais ce n'est et ce ne pourra jamais être une solution. En fait, la prison, si elle est une protection pour le citoyen, aurait tendance à devenir rapidement un exutoire, comme un vieux grenier dans lequel on met pêle-mêle tout ce qui nous encombre, nous dérange et que nous ne voulons plus voir.

Tant qu'un homme mis en examen n'a pas été condamné, il est « présumé innocent ». Cette expression qui est celle d'une réalité, celle du droit le plus strict de chacun, me hante depuis des années. Incarcérons le suspect que nous soupçonnons et le citoyen pourra dormir sur ses deux oreilles. N'est-ce pas une simplification abusive du problème ?

Le système pénitentiaire de la prévention, tel qu'il est appliqué à ce jour en France, a-t-il le pouvoir moral et, par là, mission de détruire à ce point l'homme sous prétexte de préserver la société et de faciliter le travail de l'instruction judiciaire ?

Est-il normal que les prévenus soient mélangés quels que soient les délits dont ils sont soupçonnés, qu'ils croupissent dans le désœuvrement amalgamés en cellule entre eux et avec des condamnés ? Est-il normal que la prison devienne ainsi « le carrefour de toutes les dégradations humaines » ?

Toutes les personnes enfermées à titre préventif le sont car soupçonnées d'un délit qu'il soit d'ordre sexuel, criminel ou de simple délinquance. « On » s'interroge actuellement sur la répression des délits sexuels. Il a fallu une multitude de drames et une publicité médiatique conséquente avant qu'on prête une attention soutenue à cet énorme problème qui est vieux comme le monde. La Sarthe est, parmi les départements français, l'un de ceux où ces délits sont courants et innombrables. Peut-on soigner les auteurs de ces crimes et doit-on le faire ? C'est la seule question. Mais on préfère réprimer farouchement en confondant trop souvent prison et hôpital spécialisé. Parce qu'on est conditionné par l'opinion publique. Ne faudrait-il pas plutôt prendre le taureau par les cornes et créer des établissements spéciaux où seraient détenus seulement ce genre de délinquants, où ils seraient soignés et surtout écoutés ? Je me suis aperçu que le grand drame de ces derniers est, en premier, cet enfermement intime autour d'eux-mêmes dont ils ne peuvent sortir. Ils ont besoin de parler. Leur vision affective du monde a basculé hors des normes de la société civile actuelle. Il y a surtout chez eux cette immense détresse affective qui, alliée à des pulsions trouvant bien souvent leurs racines dans l'anormalité affective d'une petite enfance, les conduit à poser des actes irréversibles. Bien sûr, je ne suis ni médecin ni psychiatre. Durant toutes ces années, j'ai seulement essayé d'écouter et de comprendre sans jamais les juger ces hommes enfermés dans leur détresse. La prison ne peut en aucun cas être une solution. Je suis très perplexe en écrivant ces lignes. Jamais je n'ai trouvé ni surtout cherché de solution globale et définitive à ce problème qui est avant tout lié à la nature profonde et unique de chaque être humain. Incarcérer un « pointeur » (nom donné en prison à tout délinquant sexuel) avec d'autres hommes arrêtés soit pour crime de sang (les « tueurs »), soit pour braquage (les « braqueurs ») ou tout acte de vandalisme (les « voyous ») relève d'une incompréhension totale des bases mêmes de la psychologie humaine et cela peut, à mes yeux, devenir criminel. Devant cet amalgame des délits, plus personne ne veut prendre de responsabilité et chacun se drape avec dignité et se cache qui dans les plis de sa toge professionnelle, qui dans ceux de son opinion personnelle. On rassure le bon peuple par ces quatre mots : « il est en prison ». Comme si on résolvait un problème médical en envoyant en cardiologie une personne qui vient de se fracturer la jambe...

Le grand drame de l'homme qui vient d'être enfermé se joue immédiatement à l'intérieur de lui-même car il se trouve brusquement affronté à une solitude extrême. Il est surtout absolument seul en face de cet autre lui-même qui lui ressemble comme un jumeau et avec lequel il va devoir vivre vingt-quatre heures sur vingt-quatre. J'ai pu remarquer certaines phases que presque tous traversent dans les premiers mois qui suivent l'incarcération. Appellerais-je mensonge ce besoin extrême que tous ressentent de se déculpabiliser, d'abord vis-à-vis d'eux-mêmes, de leurs compagnons de cellule, de leurs proches, et de tous ceux qui les entourent? C'est un moment surprenant où les faits sont triturés, disséqués afin de n'en garder que l'aspect positif ou bien, seulement, celui qui sera le plus valorisant pour la relation avec le voisinage immédiat. Le temps passant, cette vision devient peu à peu réalité et le détenu n'a plus conscience de l'acte précis qu'il a posé et sa culpabilité va en s'estompant. Étrange logique du comportement humain où tout se dissout dans un rêve et un désir d'innocence retrouvée...

Cette déculpabilisation fictive trouve son exutoire dans une agressivité surtout verbale. Le prévenu en veut à tout le monde et une forme de paranoïa s'installe dans son subconscient. En premier lieu, envers ceux qui l'ont arrêté, policiers ou gendarmes. Ensuite et surtout à l'encontre du juge d'instruction qui vient de l'enfermer. Le manque de moyen de communication avec l'extérieur le rend encore plus hargneux et plus provocateur. Les incidents éclatent avec les compagnons de cellule en particulier, mais aussi avec tout le personnel pénitentiaire qui doit, avec tact et bon sens, gérer cette explosion de tout l'être.

Arrive ensuite une période de profonde dépression. C'est l'heure des tentatives de suicide qui ne sont la plupart du temps que des appels au secours. Encore faut-il les entendre ! Depuis vingt ans, je me pose cette question lancinante de savoir si, moi, je serais humainement en mesure de « tenir » et si je ne sombrerais pas dans une attitude dépressive qui m'amènerait au suicide. Est-ce que je ne préférerais pas, en l'état actuel de la prison du Mans telle que je l'ai connue jusqu'à ces derniers mois, disparaître plutôt que d'endurer cette lente condamnation à mort qui, à mes yeux, est plus inhumaine et plus sordide parce que plus hypocrite que celle qui a été supprimée ? Je pense que seules mes convictions religieuses et la force de la prière me permettraient alors de faire face à cette situation. Mais, bien sûr, ce n'est pas pour autant que je souhaite le rétablissement de la peine capitale et je ne voudrais pas que ma pensée soit interprétée dans ce sens.

Est-il possible de prendre conscience, lorsqu'on n'est jamais passé par cette exclusion que constitue la prison, de l'atmosphère de peur qui règne dans un établissement pénitentiaire ? C'est finalement cette peur qui pousse à la violence. Le détenu a peur du surveillant et ce dernier aussi a peur du détenu. Les graves incidents qui arrivent soit au moment d'un cambriolage, soit parfois au moment de l'arrestation relèvent de cette même peur viscérale qui peut entraîner à utiliser l'arme. L'homme est finalement un être très faible. En prison, les salles de musculation, si elles procurent un dérivatif et un exutoire certain, sont aussi un moyen de se rassurer. Le narcissisme qu'entraîne une musculature puissante fait partie de la panoplie du « dur » et le rassure dans sa peur fondamentale.

L'attente du jugement où chaque minute prend une valeur d'éternité est extrêmement éprouvante pour tous les caractères, de celui de l'être le plus fruste à celui de l'intellectuel ou du « col blanc », et elle entraîne un climat très malsain qui se répercute au niveau tant de la cellule que de l'établissement. Ayant toujours, selon un principe absolu que j'ai constamment adopté, serré la main de tous les détenus rencontrés soit dans les couloirs, soit en particulier, soit à la chapelle, j'ai constamment été frappé par la quantité de mains moites qu'il m'a fallu étreindre.

Cette solitude effrayante de l'homme avec lui-même doit être rompue. Lorsqu'on autorisa, dans les années 82-83, les postes de télévision dans toutes les cellules, on y vit la marque de cet esprit humaniste qui régnait alors dans les hautes sphères du ministère de la Justice. En fait, en essayant par ce biais de sortir le détenu de sa solitude, source de violence et de conflits, afin de lui faire supporter la promiscuité de cellules surpeuplées, cherchait-on vraiment à lui offrir un confort et une détente ? N'était-ce pas plutôt un alibi pour maintenir le calme à l'intérieur de la prison et éviter mutineries et révoltes ? On a seulement réussi à abrutir l'individu et à presque le dépersonnaliser... De plus, économie oblige, les téléviseurs n'ont jamais été achetés par l'administration pénitentiaire. Des associations culturelles ont été mises en place dans chaque établissement pour gérer ce parc. Merveilleuse opération qui assurait une certaine tranquillité sans bourse délier. Il faut cependant noter la disparité du montant des locations de téléviseurs selon les établissements, la facture variant parfois du simple au double pour les détenus suivant l'endroit... Sans parler du « trafic » de postes qui disparaissent dans certains lieux. Mais c'est un autre problème, celui du financement de ces associations.

Bien plus effrayant humainement est ce que j'appelle le « goulag » thérapeutique dans lequel on emprisonne de surplus certains détenus remuants. La camisole chimique peut alors devenir la prémisse d'un certain univers concentrationnaire... C'est encore en tremblant que j'écris ces mots. Il suffit de tellement peu de chose pour déraper !

Les murs d'une prison sont toujours rébarbatifs et on commence juste à s'occuper de l'environnement. Depuis quelques années, un petit jardin a été créé dans un espace séparant deux quartiers. La vision d'une fleur peut devenir le début d'un rêve. En 1977, lors de mon premier Noël à la prison, j'ai distribué à chaque détenu une fleur. Geste dérisoire sinon ridicule que d'entrer dans une cellule et de dire :

« Je n'ai rien à vous offrir qu'une fleur. »

Mais la fleur n'est-elle pas aussi messagère de l'espérance... Devant l'émotion suscitée par cette fleur, j'ai recommencé durant les vingt Noëls que j'ai fêtés en prison. Et chaque fois ce fut le même saisissement muet. La fleur portait plus d'espérance que les plus beaux cadeaux. Puis ce fut le brin de muguet offert le 1er mai, lui aussi porteur de rêve et de confiance. Passer ainsi de cellule en cellule pour donner de l'inutile et du dérisoire dans cet univers de violence latente demande beaucoup de pudeur et de discrétion. Mais aussi quelles rencontres merveilleuses ai-je faites alors. Et lorsqu'on voit perler une larme au coin d'un œil, tel un cristal fragile, il est permis de penser qu'une rédemption s'opère. Plusieurs fois j'ai eu le bonheur d'être invité à partager un repas dans une cellule soit la veille de Noël, soit pour d'autres fêtes et quelles délicatesses ces hommes n'ont-ils pas alors déployées pour m'accueillir avec tout leur cœur? En écrivant cela, il me semble trahir quelque secret... Chaque être humain peut révéler en lui-même le meilleur et le pire.

La poésie est sans doute la révélation que chacun se fait à lui-même. Il n'est pas un détenu qui n'écrive des poèmes même s'il sait à peine lire ou écrire, car la détention est aussi le révélateur de ce mal caché de notre époque qu'est l'illettrisme.

Ayant organisé plusieurs fois des concours de poésie, j'ai été frappé, ainsi que les membres des jurys que je mettais en place, de la qualité de certains. Une année, un grand hebdomadaire national s'en était fait l'écho [1]. La poésie fait partie intégrante de l'affectivité de l'homme. Elle est le moyen, sans perdre la face d'une virilité qu'il faut préserver coûte que coûte, d'exprimer la délicatesse que chaque cœur recèle au tréfonds de lui.

Un an presque jour pour jour avant sa disparition tragique dans le Paris-Dakar, Daniel Balavoine avait accepté de venir au Mans et de chanter à la prison. Il m'avait seulement demandé un strict incognito. Avant de pénétrer en détention, nous avions déjeuné ensemble chez des amis communs et je sentis alors toute son angoisse : c'était la première fois qu'il affrontait ce genre de public. Je crois qu'il parla bien plus qu'il n'a chanté. Une communion merveilleuse s'établit entre l'auditoire et l'artiste et il accompagna à la guitare deux ou trois détenus qui désirèrent lui interpréter leurs compositions souvent maladroites mais exprimant tellement l'angoisse d'une solitude. En sortant, Balavoine me dit son émotion et combien il avait été marqué par la simplicité et la confiance qui lui avaient été témoignées... Grâce d'une humanité partagée.

Il y a quelques années, en compagnie de quelques détenus, nous tournions en vidéo l'histoire de la prison du Mans afin que chacun connaisse l'origine du lieu où il avait le malheur d'être

---

1. *L'Événement du jeudi*, 4-10 juin 1992.

enfermé. Eux-mêmes m'ont demandé que la dernière séquence, après le générique, se termine sur une image insolite, mais ô combien révélatrice. L'avant-bras d'un homme, sur sa face intérieure, était orné d'un superbe tatouage représentant une « vamp » telle qu'on les voyait sur les calendriers Pirelli des années cinquante. Au-dessous, l'inscription : « À ma bien-aimée ». La caméra a pris en très gros plan ce dessin somptueux, puis elle est descendue vers le poing qui était fermé et qui tout doucement s'ouvrait.

Je garde précieusement cette image en moi-même car j'y veux voir l'illustration du trésor toujours caché en chacun de nos semblables.

La main peut être fermée ou être largement ouverte...

Elle est alors le symbole de la sécheresse du cœur ou, au contraire, celui du don.

12
Droits de l'homme, couvents et courtisans

1789 restera une date incontournable dans l'histoire de France. Au mois d'août de cette année paraît la toute première *Déclaration des droits de l'homme et du citoyen*. La promulgation de la Constitution française, signée par le roi Louis XVI le 14 septembre 1791, reprend le décret de l'Assemblée nationale du 3 septembre 1791. L'article 9 en est particulièrement édifiant : « Tout homme étant présumé innocent jusqu'à ce qu'il ait été déclaré coupable, s'il est jugé indispensable de l'arrêter, toute rigueur qui ne serait pas nécessaire pour s'assurer de sa personne doit être sévèrement réprimée par la loi. »

On sait à quel point, dès l'année suivante, cet article sera respecté : arrestations arbitraires, jugements sommaires, exécutions hâtives et cela au nom du peuple français et de la Déclaration des droits de l'homme.

En 1977, en prenant mes fonctions, j'ai découvert que les cellules fabriquées en 1797 étaient toujours en service. Et toujours en 1997, deux siècles plus tard, sans états d'âme, on enferme des hommes présumés innocents sans se demander dans quelles conditions leur quotidien va être assuré. Et pourtant l'actuelle rédaction de la Déclaration des droits de l'homme qui sert de préambule à la Constitution reprend les termes de 1789 en précisant encore plus fort que « toute rigueur ou contrainte qui n'est pas nécessaire pour appréhender une personne ou la maintenir en détention ainsi que toute pression morale [...] sont interdites ».

Dois-je avouer combien je suis gêné en lisant ces mots. Le maintien en détention est devenu de nos jours la pire des pressions morales qui puisse exister. Lorsque des hommes sont parqués comme des bêtes parce que l'État n'a pas pris les mesures nécessaires pour construire des établissements en fonction de l'augmentation de la population et que les conditions d'hygiène les plus élémentaires ne sont même pas respectées, oui, j'ai le droit de m'indigner en tant que citoyen français. Comment faire respecter l'hygiène dans une promiscuité affligeante où les toilettes sont sans séparation dans une pièce de 9 mètres carrés où vivent, vingt-deux heures sur vingt-quatre, trois, voire quatre détenus. Cela est-il conforme au minimum exigé et tout simplement à la dignité humaine? Où est le respect des Droits de l'homme? « Les rigueurs ou contraintes qui ne sont pas nécessaires pour maintenir une personne en détention », n'est-ce pas cela que je dénonce de la manière la plus ferme dans ma lettre ouverte au ministre de la Justice [1] ?

Oui, la plus simple morale me permet de m'indigner et avec moi tous ceux pour qui le respect de la personne fait partie des droits les plus élémentaires de la civilisation. Tout au long de ce plaidoyer, je n'ai voulu parler que de ce que je connaissais du plus profond des fibres de mon être.

Je ne suis pas un politique.
Je n'ai pas à faire de politique.
Je ne veux pas faire de politique.
Je suis religieux et mon idéal me conduit à dénoncer ce que j'ai vu.

Combien d'autres maisons d'arrêt pourraient ainsi être mises en cause ! Je pense notamment à celle d'Alençon, installée, elle aussi, depuis le début du XIXe siècle dans l'ancien château ducal qui est une forteresse des XIVe et XVe siècles. Fleury-Mérogis qui a été construit il y a une vingtaine d'années pour 1 200 détenus en a en permanence plus de 5 000.

La maison d'arrêt de Fresnes constitue à mes yeux une vision dantesque du monde carcéral avec ce bruit infernal qui se répercute tout au long des différents quartiers. Faut-il parler de la sinistre maison des Baumettes à Marseille ? Nombre de maisons d'arrêt parmi les plus vétustes sont installées dans d'anciens monastères ou couvents. Pourquoi le législateur s'est-il intéressé à

---

1. *Cf.* le chapitre 2.

ces lieux de prière pour y établir des lieux d'enfermement? Clairvaux, la plus dure des maisons centrales de France, est installée dans cette « claire vallée » fondée par saint Bernard. C'est là qu'il vécut et qu'il mourut après avoir fait rayonner sa foi et l'amour de Dieu sur toute la chrétienté. C'est là qu'il écrivit ses fameux *Sermons sur le cantique des cantiques* qui comptent parmi les plus belles pages de la mystique chrétienne. C'est là encore qu'il écrivit au pape Eugène III son célèbre *De Consideratione* que tout homme politique devrait avoir lu et médité car il y dresse les contraintes et devoirs inhérents aux fonctions de ceux qui exercent le pouvoir.

J'ai toujours pensé que si j'avais accepté ce ministère auprès des détenus, il n'était pas dans mon rôle de « refaire » la prison et le système carcéral ni de faire partie de toutes ces commissions qui, mal bien français, discourent beaucoup car elles ne peuvent guère faire autre chose... Elles savent bien qu'en fait c'est le pouvoir politique en place qui prendra les décisions qui l'arrangeront et la Bibliothèque nationale est remplie de millions de rapports dont on n'a tenu aucun compte. À preuve d'exemple, celui de M. Boisseau sur la prison du Mans en 1872 dont j'ai longuement parlé plus haut. Malgré sa pertinence, il est toujours aux archives départementales attendant toujours, 125 ans plus tard, d'être relu! Mais a-t-il seulement été lu?

Bien sûr, d'énormes travaux ont été entrepris au Mans depuis 1978. Des cellules ont été construites, la cuisine entièrement refaite. En 1997, un centre médical a été inauguré à très grands et très gros frais. Au niveau de la sécurité, des travaux prodigieux ont été entrepris. Mais là encore, le bât blesse parce que, quand on parle de sécurité, on emploie un terme éminemment ambigu. On a renforcé, d'une manière parfois aberrante, tout ce qui pouvait empêcher une évasion. Ce n'est pas pour autant qu'on a amélioré la sécurité psychologique du détenu et fait quoi que ce soit pour rendre son séjour en prison sinon confortable tout au moins supportable. Je me suis souvent posé la question de savoir quelles sommes avaient été englouties dans ces aménagements réalisés au jour le jour sans aucun plan d'ensemble. Je ne suis pas loin de croire qu'on a dépensé plus d'argent qu'il n'en aurait fallu pour la construction de bâtiments neufs et fonctionnels. Économies de bouts de chandelle d'autant plus ridicules que tout le monde sait dans le département de la Sarthe que, dès que la prison aura déménagé, il faudra supprimer tout ce qui a été aménagé, le bâtiment étant classé « monument historique[2] ». Ce sont ainsi des milliards qui s'envolent.

Quand arrivera-t-on à responsabiliser les juges d'instruction et les parquets afin d'établir selon chaque établissement un quota de détenus à ne dépasser sous aucun prétexte ? Quand un hôtel est plein, il affiche complet. Qu'il en soit de même pour les prisons françaises : que chaque

---

2. L'ensemble des bâtiments a été classé « monument historique » le 11 juillet 1987.

magistrat instructeur, que chaque parquet sache qu'il n'y a que tant de places de disponibles et qu'il doit obligatoirement remettre en liberté provisoire un détenu pour pouvoir en incarcérer un autre. Savoir prendre ses responsabilités, est-ce si contraignant ? Un homme ne pourra jamais être considéré comme un animal ni manipulé comme un objet.

Il y a aussi cette disposition de la loi, heureusement peu pratiquée, qui permet la libération sous caution. Celle-ci consiste à accepter, contre une somme d'argent importante, de mettre en liberté provisoire un détenu avant son jugement. N'est-ce pas faire fi de l'égalité qui est l'un des principes de la République ? « Selon que vous serez puissant ou misérable... »

Un ministre a-t-il quelques pouvoirs en dehors de celui d'infléchir une pensée politique ? J'ai toujours comparé le ministère de la Justice (et il doit en être de même des autres ministères) à une énorme forteresse à la Vauban. De multiples glacis et fossés en protègent le cœur et il est presque impossible au simple citoyen de se faire entendre. En retour, le ministre est lui-même protégé de tout risque de débordements par tout autant de glacis qui l'empêchent d'appréhender la réalité comme un simple citoyen. Les courtisans existent toujours et les glacis « courtisanesques » n'en sont, et de loin, que plus puissants et plus aveuglants...

Mais je dois être bien naïf pour avoir encore des illusions et croire qu'on peut changer le monde. « Mon action n'est qu'une goutte d'eau dans l'océan. Mais si elle n'existait pas, elle manquerait... » avait coutume de dire Mère Teresa.

N'est-ce pas justement par la voie divine et royale de la miséricorde que nous pourrons changer le monde?

13
La miséricorde

Une photo publiée dans la presse il y a plusieurs années m'a vivement impressionné et c'est toujours avec une grande émotion que je la regarde. Par l'entrebâillement d'une porte, on aperçoit Jean-Paul II, de dos, assis, en conversation avec Ali Agça, l'homme qui a tenté de l'assassiner le 13 mai 1981 sur la place Saint-Pierre. Rien n'a filtré de cette entrevue. Mystère d'une conversation, mystère de deux cœurs, mystère d'un pardon, mystère de la miséricorde.

J'ai eu le bonheur de pouvoir concélébrer deux fois l'eucharistie avec Jean-Paul II dans l'intimité de sa chapelle privée. Je pourrais employer le mot de privilège ou bien celui d'honneur pour parler de ces rencontres. Je préfère celui de bonheur car, alors, nous étions seulement deux hommes, deux prêtres face à l'immensité du mystère eucharistique. Là encore, s'ouvrait sous mes yeux le mystère de la miséricorde divine. Chaque fois, j'ai été frappé par l'attention que le pape portait à mes propos sur les prisonniers dans l'entretien en tête à tête qui suivait. Chaque fois il me prenait par le bras en me serrant pour me dire combien il pensait à eux et comme il m'enviait de pouvoir vivre ce ministère car c'était l'Évangile.

Miséricorde et compassion : deux mots étranges et qui s'accordent mal avec le monde ambiant plus ouvert aux actions caritatives internationales et médiatiques qu'à cet amour sans bruit et sans couleur de ce que j'appelle le petit quotidien de chaque jour. C'est pourtant cet amour si humble et si pauvre qui est capable de soulever des montagnes.

De nombreuses fois je me suis rendu dans les environs de Dax pour célébrer l'eucharistie, seul, dans la bergerie de Ranquin, là où est né saint Vincent de Paul. Est-ce l'endroit exact de la chambre où il a vu le jour ? Question sans importance. J'ai essayé d'y retrouver l'esprit qui l'animait alors qu'il était aumônier général des galères et qui lui a fait découvrir à travers l'homme cet enfant de Dieu qui est en chacun de nous : « Ceux que nous appelons les misérables, ce sont eux qui doivent nous évangéliser et convertir. Après Dieu, c'est à eux que je dois le plus. » Souvenirs extraordinaires de moments passés en communion spirituelle avec l'un des plus grands saints, celui de la miséricorde... Que n'est-il encore docteur de l'Église ?

Bien souvent, lors de causeries sur l'univers carcéral ou rencontrant des personnes pleines de bonne volonté qui désiraient me procurer une aide pour dépanner les indigents en prison, j'ai entendu une petite phrase qui a le don de me hérisser :

« Ah, mon père, que c'est beau ce que vous faites. Mais au moins avez-vous quelques consolations ? »

Sens inconscient du commerce : donner quelque chose pour obtenir ne serait-ce que des consolations. Pourquoi sommes-nous si empêtrés dans ce troc, même dans les bonnes intentions ? J'aime relire saint Paul s'adressant aux Corinthiens et leur donnant le vrai sens de l'amour. Passage merveilleux mais si connu qu'on ne sait plus le lire en profondeur[1]. À force de l'entendre, cette hymne à l'Amour qui a la force d'une tempête nous est devenu comme une brise qui réconforte notre bonne conscience. Il faut alors reprendre saint Jean qui, lui, nous dit : « Mes petits enfants, aimez en esprit et en vérité. » Lorsqu'on passe dans ce « carrefour de toutes les dégradations humaines » qu'est une prison, on ne peut plus vivre seulement avec des idées. Il ne peut y avoir de charité qui ne soit avant tout vérité. La réalité nous rattrape là où on ne l'attend pas et la miséricorde dérange dans les convictions et fait toujours très mal.

Il se prénommait comme moi, Michel. Sa physionomie n'était pas celle d'un play-boy, loin de là. Sur son visage se lisait toute une ascendance alcoolique. Chaque fois qu'il souriait, les quelques dents qui lui restaient, noires et pourries,

---

1. Saint Paul, « 1re Épître aux Corinthiens », 13, 1-13.

n'étaient pas celles d'une star. Il devait avoir 27 ou 28 ans. Il arriva un jour à la prison pour une affaire profondément sordide. Il était originaire de quelque part en France, très loin de la Sarthe. Mais il avait commis son délit dans le département. Donc il resterait là jusqu'à son jugement en cour d'assises. Pendant plusieurs années il vint me voir presque tous les quinze jours. Aucun membre de sa famille ne lui écrivait et par là même il était totalement indigent. Nous parlions de tout et de rien. Il était heureux de me rencontrer pour parler car il était rejeté de tous en raison de son acte. Il me le raconta, bien sûr, sous toutes les coutures. Je l'ai écouté. Il en riait et j'en avais froid dans le dos. Chaque mois je lui procurais une petite aide financière afin qu'il puisse acheter son tabac et sa Ricoré. Un jour où nous conversions, je l'ai fait parler sur ses précédentes condamnations (ce n'est pas toujours facile de trouver des sujets de conversation!). Il me raconta un « coup » qu'il avait commis quelques années auparavant avec des complices. Il avait eu la « chance », lui, d'échapper aux policiers. Il y avait eu deux morts par assassinat. Il me donna des noms de lieux et, toujours en rigolant, me raconta les sévices qui avaient été infligés aux deux victimes. Brusquement, par des détails que j'étais seul à connaître car m'ayant été racontés par la famille des victimes que je connaissais bien, je réalisai qu'il était l'un des assassins. Profondément bouleversé, je quittai la prison en proie à un trouble immense. Je l'ai revu plusieurs fois. Il ne savait pas et n'avait rien pu lire de mon tourment

dans mes expressions. À chaque rencontre j'approfondissais sans en avoir l'air mon interrogatoire jusqu'au jour où il me révéla un détail très précis que j'étais seul à connaître.
J'étais prêtre.
Ce fut le plus douloureux cas de conscience que j'aie eu à traverser. Une personne à qui je disais mon trouble du moment sans autre précision – et dans cette impuissance absolue où je me trouvais de faire quoi que ce soit, – me conseilla d'aller faire un pèlerinage à Lourdes. C'était en plein hiver. J'y partis une journée et restai deux grandes heures devant la grotte. Là, brusquement, j'ai retrouvé la paix, une paix profonde telle qu'on ne peut l'imaginer. Quelques jours plus tard, je rencontrais de nouveau « mon » Michel sans aucune appréhension. Il fut condamné à de nombreuses années de prison pour les faits qui l'avaient amené à la prison du Mans. J'avoue avec gêne que j'ai désiré au plus profond de moi qu'il prenne « perpète ». Transféré à Fresnes avant d'atteindre sa destination définitive, il m'écrivit une lettre maladroite pour me remercier de toute l'aide que je lui avais apportée durant son séjour au Mans. Le soir même on l'a retrouvé pendu dans sa cellule.
Je suis un homme, avec toutes ses grandeurs et toutes ses bassesses. J'ai eu alors des sentiments humains. J'ai haï ce détenu. Mais il m'a fait découvrir la grandeur de la miséricorde de Dieu. Ce qui n'était qu'une histoire banale et sordide devint pour moi signe de la rédemption. Ce me fut un miracle dont je me souviens avec émotion.

Depuis ces jours-là, ma vie d'aumônier de prison fut transformée.

1957. Jacques Fesch, qui, au cours d'un braquage, tue un gendarme, est guillotiné. Dans sa prison, après un cheminement extraordinaire, il retrouve la foi. Dans la nuit qui précède son exécution, il écrit ces lignes : « Dans cinq heures, je verrai Jésus... » Mystère de la miséricorde de Dieu. Il est des moments où toute parole est superflue. Il faut alors savoir se taire et adorer.

Le pianiste argentin Miguel-Angel Estrella accepta un jour de venir donner un concert à la prison en compagnie de son ami Uña Ramos. Emprisonné durant plusieurs années au moment de la dictature militaire, il a été torturé et ne parle jamais des épreuves traversées. Il m'avait expressément demandé de ne pas en faire mention à la prison. Devant l'écoute absolument émerveillée des détenus, il rompit son silence et raconta avec une grande pudeur et en quelques mots ce qu'il avait subi, sa foi en Dieu lui permettant de ne jamais désespérer. Il dédia alors une sonate de Bach à tous les détenus du monde. Tandis que les notes s'élevaient, claires et limpides, sous les voûtes de l'ancien cloître, chacun des auditeurs put, à sa façon, palper la grâce de Dieu et toucher du doigt l'immensité de la miséricorde divine.

L'Évangile, au fil des jours et des années, est devenu pour moi non pas un texte de référence où je puisais intellectuellement des forces, mais une réalité quotidienne. Combien de fois n'ai-je pas rencontré la femme adultère ainsi que le « bon larron »! Au cours de ces tête-à-tête, c'était l'attitude désespérée de Judas ou celle de Pierre qui pleure après son reniement qui m'étaient révélées. Que de fois n'ai-je pas vécu la parabole de l'enfant prodigue lorsque, après beaucoup de tentatives infructueuses, j'assistais brusquement, tout émerveillé, au pardon d'un père pour son fils.

La miséricorde de Dieu est pour tous et même si cela nous paraît incompréhensible, voire monstrueux, jamais Dieu ne retire son amour à qui que ce soit. Jésus nous annonce que les publicains et les prostituées nous précéderont dans le Royaume de Dieu.

Être chrétien, c'est croire à ce scandale-là. En prison, j'ai essayé de le vivre...

Combien de fois n'ai-je pas aperçu le sourire de Dieu dans des retournements intérieurs ? Et quand bien même qu'il nous apparaisse que ces « conversions » soient temporaires, il faut savoir se rappeler « qu'un jour est comme mille ans aux yeux de Dieu ».

Il y a quelques années, Sœur Emmanuelle, la chiffonnière du Caire, est venue donner une conférence au Palais des congrès du Mans et elle m'avait fait demander si j'accepterais qu'elle vienne d'abord s'adresser aux détenus. Toutes les autorisations administratives ayant été obtenues, je l'accueillais par une superbe après-midi tout ensoleillée du mois de mai dans la chapelle de la prison. Celle-ci était pleine des détenus qui avaient manifesté le désir de la rencontrer. Elle leur raconta son cheminement, sa découverte des pauvres, et comment, à l'âge de 62 ans, elle avait tout quitté pour s'installer au Caire au milieu des plus démunis. Tous l'écoutèrent dans un profond silence. Un dialogue s'instaura qu'il fallut bien interrompre, les impératifs d'une vie carcérale ne permettant pas de prolonger cette rencontre au-delà du temps imparti. Je remerciai chaleureusement devant tout le monde Sœur Emmanuelle en lui disant quelques mots :

« Merci, ma sœur, de votre témoignage. Vos paroles, j'en suis sûr, sont allées droit au cœur de tous nos amis ici. Ils savent tous maintenant qu'ils ont une grand-mère qui les aime et qui ne les oubliera pas dans sa prière. »

C'était sans compter sur la personnalité de Sœur Emmanuelle :

« Ma prière, c'est ce qu'il y a de plus facile. Mais si je suis leur grand-mère, alors je les adopte comme mes petits-fils et j'exige une chose : de leur faire la bise à tous avant de nous séparer. »

Et immédiatement de se lever et de passer à l'acte sans en oublier un seul. Bien des yeux étaient humides. Lorsqu'elle eut terminé, elle se tourna vers les quelques surveillants qui étaient là pour assurer l'ordre.

« Eux aussi sont mes petits-enfants et je veux leur faire la bise. »

Ce qui fut fait à la grande joie de tous au milieu de sourires parfois un peu moqueurs.

Des milliers de livres ont été écrits sur la miséricorde. Des millions de prêches ont été prononcés sur la miséricorde. « Ce que vous faites au plus petit d'entre les miens, c'est à moi que vous le faites. »

Une bise ne vaut-elle pas tous les discours...

14
25 août 1997, fête de saint Louis

Paris, en cette matinée, est écrasé sous une chaleur caniculaire qui dure depuis plusieurs jours. La veille a eu lieu la clôture des Journées mondiales de la Jeunesse en présence du pape Jean-Paul II. Le garde des Sceaux, ministre de la Justice, m'a donné rendez-vous à 11h30 [1]. Le vendredi précédent, son chargé de mission m'a téléphoné pour me faire savoir qu'il n'était pas question que la presse ou autres médias soient admis au ministère sinon le rendez-vous serait annulé. Je lui ai donné tout apaisement et je fais savoir à la journaliste de FR3 qui me téléphone quelques heures plus tard ce que le ministère m'a recommandé.

À 11 heures, ce lundi matin, j'arrive Place Vendôme et me présente au poste de garde. Je suis attendu et on m'emmène au premier étage dans la magnifique salle des colonnes. Le chargé de mission va me rejoindre dans quelques

---
[1]. *Cf.* Annexe 1.

instants. Ce n'est pas la première fois que je pénètre dans ce ministère, mais je suis chaque fois émerveillé de la splendeur du cadre qui est un enchantement pour les yeux. Je n'ai aucune appréhension. Le 12 août, j'ai signé le décret de l'administration pénitentiaire mettant fin à ma fonction d'aumônier de la maison d'arrêt du Mans. Je suis donc tout à fait libre de m'exprimer et de dire ce que j'ai sur le cœur. De tout le pays, j'ai reçu des centaines de lettres de remerciement pour avoir « osé ». Parmi tous ces messages d'encouragement, quelques-uns adressés par des prêtres m'assurant de leur sympathie...

Depuis la parution de ma *Lettre ouverte* au ministre de la Justice, et malgré tout ce courrier, je ressens une immense solitude, pesante et légère tout à la fois. Je n'ai derrière moi ni collectif, ni syndicat, ni groupe de pression. C'est là toute ma fragilité mais, peut-être également, la très grande force qui m'anime.

Je suis seul, tout seul.

Mais je suis libre...

Dans ma sacoche, j'ai préparé un rapport que je remettrai tout à l'heure au ministre. Le chargé de mission me rejoint et nous descendons ensemble jusque dans l'antichambre. L'attachée de presse du ministre vient alors me demander si je ne vois pas d'inconvénient à ce que la photographe d'*Ouest-France* prend quelques clichés. En présence du chargé de mission, je lui répète ce qui m'a été signifié il y a quelques jours, ajoutant cependant que, n'étant pas chez moi, je me plierai aux désirs du ministre.

Je suis introduit dans le bureau. Mme Guigou m'accueille à la porte et m'invite à m'asseoir. La photographe immortalise cette rencontre pendant quelques minutes. J'ai plaisir à revoir cette pièce, ancienne bibliothèque aux merveilleuses boiseries et qui donne de plain-pied sur les jardins. La disposition des meubles a changé depuis que j'avais été reçu par M. Albin Chalandon en 1986. Un magnifique tapis de la Savonnerie couvre presque tout le parquet. Quelques sculptures et tableaux très modernes apportent une note imprévue. Après avoir remis mon rapport au ministre, un dialogue très libre s'instaure. Nous abordons avec beaucoup de franchise tous les sujets que j'ai notés dans ma *Lettre ouverte* et dont la publication dans la presse nationale a été à l'origine de ce rendez-vous. Cependant, je comprends rapidement qu'on m'a reçu avec la volonté très ferme de clore un débat par trop médiatisé au gré du ministère : visiblement je dérange beaucoup.

À la fin de l'entretien, Mme Guigou me dit :

« Je serai franche jusqu'au bout avec vous, monsieur l'Aumônier. J'ai été quelque peu choquée par une phrase que vous avez écrite dans votre lettre, celle où vous évoquez les cellules qui ont été votre environnement et que vous qualifiez de "culs-de-basse fosse" en opposition avec les lambris dorés de mon bureau. »

Je suis surpris de sa réaction car je n'ai fait que traduire la réalité :

« Regardez, madame, les magnifiques boiseries qui nous entourent, lui dis-je alors. Nous sommes assis sur d'admirables fauteuils Louis XV recouverts d'une tapisserie de Beauvais au petit point et nos pieds reposent sur cette splendide Savonnerie. Oui, il n'est pas facile, au milieu de ces splendeurs, d'imaginer ce monde que j'ai côtoyé durant tant d'années. »

Je mesure alors l'immensité du fossé qui sépare nos dirigeants de la réalité dans laquelle peinent et se démènent nos contemporains. Brusquement je me sens encore plus libre, de cette liberté qui n'a pas de nom car elle est au-dessus de tout. Je ne suis esclave d'aucun système. Serait-ce cela la liberté des enfants de Dieu? Je ne suis pas loin de le croire. Mon expérience de ces vingt ans de prison est sans prix et je suis immensément riche, profondément riche de cette humanité que les détenus m'ont fait découvrir. Je sais que les discours ne pourront jamais remplacer la stricte appréhension de la réalité.

Mme Guigou me raccompagne jusqu'à la porte du ministère. Je retrouve le soleil et la vie sur la place Vendôme. Bien sûr, je n'ai rien obtenu. J'ai seulement eu l'impression d'avoir été écouté.

Ne serait-ce qu'un sentiment sans lendemain?

La Merci-Dieu
La Bachellerie
en la fête de saint Martin

ANNEXE 1
Réponse de Madame le garde des Sceaux, ministre de la Justice, à la *Lettre ouverte*.

24 juillet 1997

Monsieur l'Aumônier,

J'ai bien reçu votre courrier du 17/7/97 sur la situation critique de la maison d'arrêt du Mans, dans laquelle vous avez exercé les difficiles fonctions d'aumônier.

Cette lettre a retenu toute mon attention. Sachez que je suis tout à fait informée et consciente des graves problèmes que vous soulevez, que j'ai eu l'occasion récemment de constater par moi-même lors de la visite d'un établissement similaire à celui du Mans.

L'amélioration des conditions de vie des détenus est une de mes priorités comme l'est également celle des conditions de travail des personnels pénitentiaires dont vous soulignez l'engagement professionnel et les difficultés d'exercice de leur mission.

L'action que je compte conduire dans ce domaine s'inscrit dans les priorités dégagées par le gouvernement.

L'établissement dans lequel vous exercez vos activités fait partie de ceux qui devraient être concernés en priorité par des mesures énergiques devant conduire à une amélioration des conditions matérielles d'accueil des usagers du service public de la justice. Je vous rappelle que des efforts budgétaires importants sont engagés en ce sens, notamment par l'ouverture de nouvelles places de détention et par des travaux de réhabilitation des sites les plus vétustes. Ces efforts seront poursuivis et amplifiés. Je m'y attache personnellement.

Une réflexion globale sur la vie en détention m'apparaît prioritaire. Dans cette perspective, je souhaite pouvoir vous rencontrer et évoquer avec vous ce sujet.

Je vous propose une entrevue le lundi 25 août à 11h30. Je vous prie de bien vouloir prendre l'attache de M. Jean-François Beynel, conseiller technique à mon cabinet, pour préparer cette rencontre.

Je vous prie de croire, Monsieur l'Aumônier, à mes sentiments les meilleurs.

Élisabeth GUIGOU

ANNEXE 2
Lettre du père d'un détenu quelque part en France [1]

Mon Père,
Comment puis-je vous dire la tristesse, la souffrance d'une famille qui a un être cher en prison ? Ma femme et moi sommes les parents de quatre enfants, famille très unie et, je me permets d'ajouter, respectable. Pour elle, la prison, c'était le problème des autres. Comme pour beaucoup de citoyens français, les condamnés à la prison ne font pas l'objet d'un intérêt particulier.
Et pourtant ? En mars 1993, à notre grand étonnement, notre fils aîné est convoqué par le SRPJ de Y..., puis inculpé et emprisonné, malgré sa négation sur les faits reprochés.
C'est alors une immense douleur qui s'abat sur la famille : notre fils, le frère, en prison; cela ne devait jamais arriver. Pourquoi ?
Notre première réaction est, bien entendu, de lui rendre visite au plus vite au parloir, épreuve déjà difficile pour moi : me présenter à la porte d'une prison, attendre l'appel du gardien, je me sentais honteux, déshonoré.
Après deux mois d'incarcération préventive, le juge, n'ayant pas de preuve flagrante du délit, met notre fils en liberté provisoire. Ces retrouvailles sont un immense

---

1. Lettre reçue après la publication de la *Lettre ouverte* par *Ouest-France*, 23 juillet 1997.

soulagement et nous espérons alors, comme notre avocat, un non-lieu.

Il n'en est rien. Le juge change, l'enquête se poursuit : fouille par le SRPJ, enquête de personnalité, interrogation des parents, des frères et sœurs, des employeurs, des professeurs, etc. C'est alors un nouveau calvaire que nous supportons, et cela se prolonge durant plus de trois longues années, trois années difficiles à vivre pour le fils, pour nous-mêmes. Il est devenu constamment anxieux, énervé ; un stress important s'installe de jour en jour, le démotive de son travail ; il ne peut plus réaliser les projets professionnels qu'il s'était fixés... Attente interminable qui se termine hélas, en décembre 1996, par la cour d'assises et la condamnation à trois ans de prison ferme.

Le jour du jugement, toute la famille a tenu à être à ses côtés. Au moment du verdict : la sentence « coupable » résonne encore comme un couperet, sans pour autant à cet instant qu'on en réalise la réelle importance. Mais la condamnation suit : « trois ans de prison ferme » alors que nous attendions avec conviction l'acquittement.

C'est alors un grand effondrement, notre fils nous regarde, triste, blême, je le fixe moi aussi avec une grande pitié. C'est un profond désarroi de la famille, trois ans, une éternité.

Le silence est interrompu aussitôt par les sanglots non retenus de mon épouse et de notre fille, ces sanglots me provoquent un terrible choc de douleur ; je sors dans la salle des pas perdus quelques secondes où je ne peux, à mon tour, retenir mes larmes.

De retour dans la salle, je soutiens, avec un de mes enfants, mon épouse cruellement éprouvée. Nous trouvons un peu d'humanité auprès des policiers qui nous autorisent à embrasser notre fils qui a déjà les menottes aux mains et qui est effondré.

Nous lui prodiguons alors des paroles d'encouragement, nous l'assurons qu'à partir de cet instant il pourra compter sur l'aide familiale. C'est une famille déchirée, meurtrie par la douleur qui allait passer dans huit jours le premier Noël depuis quarante ans avec un être cher absent.

La privation de liberté est une peine terrifiante, mais à cela s'ajoutent des conditions de détention que nous ne pouvions imaginer, nous n'étions pas au bout de nos peines et désillusions.

En effet, nous avons appris de jour en jour, de mois en mois, que la maison d'arrêt, c'est l'enfer. À chaque visite hebdomadaire permise à notre fils, il nous exprime l'avilissement qu'il subit chaque jour, par les gardiens et par les détenus.

Les premiers, nous dit-il, ont tendance quelquefois à prendre les détenus « pour des chiens dans un chenil ». Quant aux détenus, c'est à chaque instant une menace de bagarre dans la cour. Un arrivant est souvent pris à partie par la hiérarchie qui existe et qu'il doit respecter, le refus d'une cigarette, d'une enveloppe, d'un timbre entraîne un coup. Ces bagarres ne sont pas réprimandées par les gardiens qui restent impassibles. La drogue, les cris des détenus la nuit dans leur cellule, il faut être fort pour tenir, rester calme et surmonter ces obstacles.

Les conditions de détention sont déplorables en maison d'arrêt, le manque d'hygiène est lamentable, la promiscuité, deux détenus dans 9 mètres carrés. Le sol en ciment, craquelé, est nettoyé par les détenus à l'aide d'une serpillière quand les gardiens le veulent bien, parfois tous les quinze jours. Même chose pour pouvoir vider la poubelle qui dégage des mauvaises odeurs. Les W.-C. sont dans la pièce sans séparation. Un ancien détenu m'a raconté que, n'ayant aucune aide financière de sa famille, il nettoyait ses slips dans son lavabo avec sa brosse à dents. La vie dans la cellule, c'est quatre murs sales sans vue sur l'extérieur, avec en permanence la lumière artificielle.

Constamment sur le qui-vive, par les menaces des gardiens de donner une mauvaise note pour la moindre infraction, moindre réflexion désobligeante sur ces conditions de vie, notes qui entraînent éventuellement une réduction de remise de peine.

C'est une vie de déchéance, d'humiliation, de manque total de dignité envers les détenus, aucune considération. « Je deviens légume », nous dit notre fils. Cette vie carcérale douloureuse nous a amenés à aider notre fils par tous les moyens à notre disposition. Nous étions comme lui très malheureux, nous partagions cette grande souffrance que nous lisions sur son visage à chaque visite, souffrance physique (occupation nulle) et souffrance morale. Vivre dans ces conditions, nous disait-il, c'est de la survie. Avec notre avocat, nous avons tenté une demande de recours en grâce auprès du président de la République. Notre avocat nous a demandé de lui apporter le plus d'attestations possible d'honorabilité du fils et de la famille.

Cruelle épreuve pour la famille. Nous l'avons réalisée avec l'aide de nos enfants : démarches pénibles de révéler que le fils, le frère était incarcéré à toute la famille, aux amis du fils, à nos amis, aux notables que nous connaissions, et solliciter leur aide dans ce dossier. À cette occasion, la plus jeune de nos filles a arrêté ses études durant quinze jours, pour nous aider dans cette tâche, désirant à tout prix essayer d'aider son frère dont elle est très proche et elle nous a dit un an après : « Je ne serai heureuse que quand mon frère sera libéré. »

Nous rendons visite chaque semaine à notre fils au parloir. Mais là encore, surprise, il n'est permis de lui apporter aucune douceur, pas même un bonbon ou un bout de chocolat. À la première visite on nous a confisqué oranges et gâteaux. Nous saluons en arrivant les gardiens mais 50 % d'entre eux ne daignent pas nous répondre, nous avons l'impression d'être considérés comme des détenus.

Nous lui écrivons chaque jour, il reçoit plusieurs lettres par jour de la famille, de ses amis et employeurs : c'est, dit-il, pour moi, le meilleur soutien. Nous lui adressons chaque dimanche un message sur une radio locale. Il nous écoute mais ne peut répondre. Là encore, pour nous, c'est une épreuve. Nous nous sentons près de lui et parfois la voix se couvre par l'émotion, mon épouse n'a toujours pas réussi à surmonter cette épreuve.

Pour nous, famille de détenu, si la privation de liberté est dans la plupart des cas justifiée, elle doit suffire à elle-même comme peine. Malheureusement, rien n'est fait dans ces maisons d'arrêt pour aider le délinquant à ne pas récidiver. Il est déchu de ses droits élémentaires de liberté et d'honneur, aucune aide à sa réhabilitation, c'est l'avilissement de l'homme.

Oui, la souffrance de la famille d'un détenu est grande et ne s'atténue pas au fil du temps. Notre principal souci est de pouvoir le retrouver lucide, calme, capable d'assumer au plus vite ses activités professionnelles, de s'intégrer dans la société. Sans l'aide familiale est-ce possible ?

Incarcéré, il a besoin de défoulement, d'assouvir ses critiques nombreuses, sa souffrance, et c'est naturellement au parloir, près de nous, qu'il peut le faire. Cela fait mal, très mal, d'entendre, de partager cette souffrance morale, mais c'est un mal nécessaire. Je plains le prisonnier qui n'a pas de famille.

Les détenus attendent en vain leur sortie, mais en même temps ils en ont peur, ils vivent dans un autre monde, beaucoup récidivent. Ils pensent que la vie en dehors de la prison n'est plus possible.

Notre avocat ne nous a pas caché que les jurés ne connaissent pas la vie en prison, sans quoi les peines seraient moins sévères. Je ne souhaite pas être juré un jour.

Je vous prie d'agréer, mon Père, l'expression de mes sentiments respectueux.

ANNEXE 3
Le Détenu

Le débat est absent et tous ces matamores
Déjà peuvent entrevoir les discours les plus flous
À cheval sur ce glaive, comptant les doryphores
Je guette le moindre signe de leurs fades bagouts

Je suis las d'être là, assis tel qu'on nous parque
À attendre et démons et sourires enjôleurs
Et matins d'infamie et rives où les barques
Sur des roulis de sang déversent leurs langueurs

Je suis à l'opposé des douceurs automnales
Et loin de tout ce qui, autre part, est vertu
Je vis au jour le jour sous ces voûtes où s'étalent
Des petits faits divers « je te tue, tu me tues »

Bien malin celui qui de cette Ophélie
Comptera les cheveux sur ce crâne ouvert
En insufflant parfois le doute qui nous plie
Il n'est rien qui me sied dans ces couloirs déserts

Ne riez surtout pas si je crie la Chimère
Si je prie en jurant, en implorant les Cieux
Si mon front déchiré se gave de naguère
Si je suis à genoux, mimant ces pas de deux

C'est qu'un Homme oublié reste ici-bas un Homme
Avec ses bras, son cœur, ses deux jambes, son cou,
Son passé composite et si l'Amour l'assomme
Tu sais bien que le soir il dort parmi les poux

Il dort les poings fermés sur ce lit d'infortune
Les yeux à demi-clos, entravé par ses nerfs
Il dort, le bien grand mot, il est trop taciturne
Pour s'envoler très haut sans emporter ses fers

Il a sur sa peau moite tous ces maux qu'il colporte
Approche un peu tes yeux, consacre-lui du temps
Ne fais pas l'étonné au-delà de la porte
Celui que tu vois là est déjà un manant

Il est à la merci du moindre souffle idoine
Son dos rond le soutient, tout peut le bousculer
Il n'a pour se défendre que cette âme de moine
Et quelques mots d'espoir, rictus d'éternité!

X..., en détention préventive,
Le Mans, février 1992

Table

Préface de François-Régis Hutin 9

Avertissement de l'auteur 19

1 : 14 juillet 1997, fête nationale 21

2 : « Lettre ouverte au ministre de la Justice,
garde des Sceaux » 27

3 : Le couvent de la Visitation, Balzac,
Vautrin & Cie 33

4 : « La honte de la Sarthe » 39

5 : Un certain monsieur Boisseau, en 1872 45

6 : Lynchage ou présomption d'innocence ? 53

7 : La descente aux enfers des « usagers
du service public de la justice » 59

8 : Les victimes, toutes les victimes 71

9 : La messe en prison 81

10 : Été 1992, les assassinats 91

11 : Une fleur au « carrefour de toutes
les dégradations humaines » 101

12 : Droits de l'homme, couvents et courtisans ... 111

13 : La miséricorde 119

141

14 : 25 août 1997, fête de saint Louis 127

Annexe 1 : Réponse de Madame le garde
des Sceaux, ministre de la Justice,
à la « lettre ouverte » 131

Annexe 2 : Lettre du père d'un détenu
quelque part en France 133

Annexe 3 : Poème : « Le Détenu » 139

2ᵉ édition

Achevé d'imprimer le 15 avril 1998
dans les ateliers de Normandie Roto Impression s.a.
61250 Lonrai
pour le compte des Éditions Desclée de Brouwer
N° d'imprimeur : 980920
Dépôt légal : avril 1998

Imprimé en France